I0846359

ADVOGADO DO AGIOTA

Uma Defesa a Favor da Usura

Jeremy Bentham

Edição Formatada e Traduzida por Mateus Michelon

Direitos autorais © 2023 Mateus Rodrigues de Oliveira Michelon

Todos os direitos reservados

Nenhuma parte desta EDIÇÃO TRADUZIDA pode ser reproduzida ou armazenada em um sistema de recuperação, ou transmitida de qualquer forma ou por qualquer meio, eletrônico, mecânico, fotocópia, gravação ou outro, sem a permissão expressa por escrito do editor/tradutor.

ÍNDICE

PREFÁCIO

Você já se perguntou por que a usura é tão condenada e mal compreendida em nossa sociedade? Descubra a resposta nesta obra revolucionária do renomado autor Jeremy Bentham!

Em "O Advogado do Agiota", Bentham desafia os tabus em torno da prática de emprestar dinheiro com juros e explora os benefícios muitas vezes negligenciados dessa prática. Com sua mente brilhante e argumentação perspicaz, o autor revela que a usura não é uma ameaça, mas sim uma força impulsionadora do progresso econômico.

Bentham questiona as restrições impostas pela lei e pela moralidade sobre a usura, mostrando como essas medidas podem sufocar a inovação e prejudicar o desenvolvimento financeiro. Ele destaca os benefícios das transações de empréstimos com juros para a economia, permitindo que projetos ousados e empreendimentos promissores sejam realizados.

Este livro é um convite para uma reflexão profunda sobre as nossas visões pré-concebidas sobre a usura e para uma abertura de mente sobre as possibilidades que essa prática oferece para a prosperidade de uma nação.

Se você está interessado em economia, política e questões sociais, "O Advogado do Agiota" é uma leitura indispensável! Obtenha sua cópia agora e mergulhe nesse fascinante debate intelectual sobre o papel da usura na construção de uma sociedade próspera e inovadora.

DIVIRTA-SE.

COMENTÁRIOS DO EDITOR

Usura é um tema complicado no Brasil. Legalmente, a usura (cobrança de juros muito altos) é vedada, no entanto, existe a legalidade da usura bancária, praticada pelos agentes credenciados do Banco Central, as instituições bancárias. É uma triste realidade, na qual você, particular (pessoa física) está impedido de emprestar dinheiro à juros, enquanto Bancos e instituições financeiras cobram absurdos 455% no Brasil no crédito rotativo do cartão.

Ou seja, os amigos do rei, empresas capitaneadas e balizadas pela captura administrativa do Governo e da Justiça, se arrogam como monopólios da indústria do empréstimo. Claro, não é só isso, a proibição a livre iniciativa de empréstimos acarreta em males não tão perceptíveis aos olhos, como a restrição forçada do crédito, e pior a desvalorização forçada da moeda através da impressora do governo, que compele à população à manter sua popança na mãos do Estado.

Bentham busca demonstrar que inexiste argumento de natureza prática ou moral que possa impedir o livre exercício da industria do empréstimo, por quem quer que seja. E qualquer impedimento, seja de natureza legal ou moral, prejudica a sociedade como um todo.

Se você se interessou pelo tema, e gostaria de contratar uma palestra deste editor e tradutor, abordando o tema do dinheiro, encaminhe um email para mateusmichelon@protonmail.com .

Quer que esse livro chegue à outras pessoas? Gostaria de incentivar outras traduções? Você pode fazer uma doação nos seguintes endereços/meios pagamento:

Recomendados
Bitcoin Adress
Lightning Network: seismicbait56@walletofsatoshi.com

On-Chain:
bc1qj2ptg2jvr4fqsqcv2lnv0pp7j225ce64kmr9x9

Outra Forma de Doar

Você pode tentar doar pelos meios tradicionais, Fiat Money, tais como pix.

Chave pix: 85a94f5e-91dc-4c32-9f93-9729d90dd382

Você, também, pode entrar em contato e acompanhar meus trabalhos nas redes sociais:
Twitter: https://twitter.com/Mateusmichelon
NOSTR (rede social segura e incensurável https://nostr.com/) : npub1dp3dp5p68d07vpkq93334em8pyzplg0nhrzxqw0fuctg8t8 73qmqs2n3vs

Email: mateusmichelon@protonmail.com

Obrigado.

INTRODUÇÃO

CARTA I

Crichoff, na Rússia Branca, Janeiro de 1787.

Entre as várias espécies ou modificações de liberdade, das quais em diferentes ocasiões tanto se tem ouvido falar na Inglaterra, não me recordo de ter visto ainda algo proposto em favor da liberdade de fazer seus próprios termos em negócios financeiros. Dada a generalizada e universal negligência nesse sentido, tenho uma antiga noção, como bem sabes, de que esta espécie de liberdade, humilde e despretensiosa, tem sido vítima de muitas injustiças.

Acaba de me ocorrer a ideia de compartilhar contigo as minhas razões; se entender que elas possam servir a um bom propósito, podes encaminhá-las para a imprensa; ou, em caso contrário, o que te dará menos trabalho, lançá-las ao fogo.

Em poucas palavras, a proposição que tenho costume de afirmar sobre esse tema é a seguinte: *nenhum homem em plena maturidade e juízo são, agindo livremente e de olhos abertos, deveria ser impedido, em benefício próprio, de fazer qualquer acordo, no intuito de obter dinheiro, como lhe parecer adequado; nem,- o que é uma consequência necessária-, qualquer pessoa deveria ser impedida de fornecer-lhe dinheiro em quaisquer termos que ele decida aceitar.*

Essa proposição, se fosse aceita, derrubaria, como podes ver, de uma só vez todas as barreiras que a lei, seja estatutária ou comum, tem erguido em sua sabedoria conjunta, seja contra o pecado clamoroso da Usura, seja contra a pouco mencionada e pouco conhecida prática da *Champerty* (<u>relação que surge quando terceiros não relacionados com um litígio fornecem suporte material aos litigantes em troca de uma consideração condicionada ao resultado do litígio</u>); a isso devemos ainda acrescentar uma parcela da multifária e pouco conhecida ofensa da *Champerty*.

Nessa ocasião, se tivesse que lidar com algum opositor individual, meu papel seria fácil e tranquilo. "Vós, que amarrais os contratos, vós que impusestes restrições à liberdade do homem, cabe a vós" (eu diria) "justificar o porquê de fazê-lo." Que os contratos em geral devem ser cumpridos é uma regra cuja correção ninguém jamais teve a ousadia de negar; se este caso é uma das exceções (pois sem dúvida existem algumas) que a segurança e o bem-estar de toda sociedade exigem que sejam retiradas dessa regra geral, nesse caso, como em todos os outros, cabe a quem alega a necessidade da exceção apresentar uma razão para tal.

Isso, eu digo, seria uma forma breve e muito fácil de tratar com um oponente individual. Mas, como o mundo não tem uma boca própria para se defender, nenhum advogado certo pelo qual possa "vir e defender essa força e injúria," devo encontrar argumentos por conta própria e vasculhar minha própria imaginação em busca de tais fantasmas com os quais possa lutar.

A favor das restrições impostas à espécie de liberdade pela qual defendo, consigo imaginar apenas cinco argumentos.

1. Prevenção da usura.
2. Prevenção da prodigalidade.
3. Proteção da indigência contra a extorsão.

4. Repressão da temeridade dos projetistas.
5. Proteção da simplicidade contra a imposição.

De todos esses, em sua ordem.

RAZÕES PARA RESTRIÇÃO - PREVENÇÃO DA USURA

CARTA II

Começarei com a prevenção da usura, porque no som da palavra usura reside, penso eu, a principal força do argumento: ou, falando estritamente, o que é mais importante do que todo o argumento, é a influência que a opinião que estou combatendo tem sobre a imaginação e as paixões da humanidade.

A usura é algo ruim e, como tal, deve ser evitada: os usurários são um tipo de pessoas ruins, muito ruins, e como tal devem ser punidos e reprimidos. Essas são algumas das proposições que cada pessoa recebe como herança de seus ancestrais: às quais a maioria das pessoas está disposta a concordar sem exame, e de fato, de forma natural e até razoável, pois é impossível que a maioria das pessoas tenha tempo, mesmo que tivessem habilidade, para examinar as bases de uma centésima parte das regras e máximas pelas quais se veem obrigadas a agir. Essa é uma boa desculpa para John Trot [trad.: *homem chato*]: mas dos legisladores pode-se esperar um pouco mais de inquisitividade.

Tu, meu amigo, que compreendes tão bem a verdadeira força das palavras, certamente já percebeste que dizer que a usura é algo a ser evitado é nada mais, nada menos do que supor a questão em discussão. Conheço apenas duas definições que podem ser dadas para usura: uma é a cobrança de juros acima do permitido pela lei: esta pode ser chamada de definição política ou legal. A outra é a cobrança de juros acima do que é comum entre as pessoas: esta pode ser chamada de definição moral, e, onde a lei não interferiu, é claramente a única definição possível. É evidente que, para que a usura seja proibida por lei, uma descrição positiva deve ter sido estabelecida pela lei, fixando ou, melhor dizendo, sobrepondo-se à definição moral. Portanto, dizer que a usura é algo que deve ser evitado é dizer nada mais, nada menos, do que a taxa máxima de juros que pode ser cobrada deve ser fixada; e que tal fixação deve ser imposta por penalidades ou outros meios, se houver algum, que possam evitar sua violação. Uma lei que pune a usura supõe, portanto, uma lei que fixa a taxa legal de juros permitida: e a adequação da lei penal depende da adequação da lei simplesmente proibitiva, ou, se preferires, declaratória.

Uma coisa fica clara: antes que o costume surgisse a partir de convenções, não poderia haver usura: qual taxa de juros poderia naturalmente ser mais apropriada do que outra? Qual preço natural fixo poderia haver para o uso do dinheiro mais do que para o uso de qualquer outra coisa? Se não fosse pelo costume, a usura, considerada do ponto de vista moral, não teria sequer uma definição: longe de existir, não seria sequer concebível: e, portanto, a lei, na definição que assumiu para tal ofensa, não teria nem mesmo um guia para se orientar. O costume, portanto, é a única base sobre a qual tanto o moralista em suas regras e preceitos, quanto o legislador em suas injunções, podem se apoiar. Mas que base pode ser mais fraca ou injustificável, como fundamento para medidas coercitivas, do que o costume resultante de escolha livre? Meus vizinhos, estando livres, aconteceram de concordar entre si em negociar com certa taxa de juros. Eu, que tenho dinheiro para emprestar, e *Tício*, que quer me tomar emprestado, gostaríamos que um de nós aceitasse e o outro desse um juro um pouco mais alto que o deles: por que a liberdade que eles exercem deve ser usada como pretexto para privar a mim e a *Tício* da nossa?

Além disso, o costume cego, tornando-se assim o único e arbitrário guia, não tem nada de firmeza ou uniformidade em suas decisões: variou de época para época no mesmo país; varia de país para país na mesma época; e a taxa legal também variou junto com ele: e, de fato, com relação ao passado, é da taxa legal, mais do que de qualquer outra fonte, que coletamos a taxa costumeira. Entre os romanos, até o tempo de Justiniano, encontramos juros de até 12%: na Inglaterra, até o tempo de Henrique VIII, encontramos a taxa em 10%: estatutos posteriores a reduziram para 8%, depois para 6% e, por fim, para 5%, onde se mantém atualmente. Mesmo atualmente na Irlanda, é de 6%: e nas Índias Ocidentais, de 8%; e na Índia, onde não há taxa limitada por lei, a taxa costumeira mais baixa é de 10 ou 12%. Em Constantinopla, em certos casos, segundo fui bem informado, a taxa comum é de trinta por cento. Agora, entre todas essas taxas amplamente diferentes, qual delas é intrinsecamente mais apropriada do que outra? O que evidencia essa adequação em cada caso? Senão a conveniência mútua das partes, manifestada por meio do consentimento delas? Portanto, é a conveniência que produziu o que há de costumeiro na questão: então, o que pode haver no costume para torná-lo um guia melhor do que a conveniência que o gerou? E o que há na conveniência que deveria torná-la um guia pior em um caso do que em outro? Seria conveniente para mim oferecer 6% de juros pelo dinheiro: eu desejo fazê-lo. "Não," (diz a lei) "você não pode." - Por quê? "Porque não é conveniente ao seu vizinho oferecer mais do que 5% por ele." Pode haver algo mais absurdo do que essa razão?

Até agora, eu acredito que pouco foi feito pelos legisladores para fixar o preço de outras mercadorias: e, no que pouco foi feito, a probidade da intenção, eu acredito, foi, em geral, mais inquestionável do que a retidão do princípio ou a felicidade do resultado. Emprestar dinheiro com juros é trocar dinheiro presente por dinheiro futuro: mas por que uma política que, aplicada a trocas em geral, seria geralmente considerada absurda e prejudicial, deveria ser considerada necessária no caso desse tipo específico de troca, ainda é algo que a humanidade deve aprender. Para aquele que cobra tanto quanto pode pelo uso de qualquer outra coisa, por exemplo, uma casa, não há denominação específica, nem qualquer marca de desonra: ninguém se envergonha de fazê-lo, nem é comum sequer professar fazer de outra forma. Por que então um homem que cobra o máximo que pode, seja seis, sete, oito ou dez por cento pelo uso de uma quantia de dinheiro, deve ser chamado de usurário, deve ser carregado com um nome de opróbrio, mais do que se tivesse comprado uma casa com esse dinheiro e tivesse obtido um lucro proporcional com a casa, é mais do que eu consigo entender.

Outra coisa que também gostaria de entender é por que o legislador deveria estar mais ansioso para limitar a taxa de juros de uma maneira do que de outra? Por que ele deve se opor aos proprietários desse tipo de propriedade mais do que de qualquer outro? Por que ele deve se empenhar em evitar que eles obtenham mais do que um preço determinado pelo seu uso, em vez de evitar que obtenham menos? Por que, em suma, ele não tomaria medidas para tornar penal oferecer menos, por exemplo, do que 5 por cento, assim como aceitar mais? Que alguém que consiga encontrar uma resposta para essas perguntas; eu não posso fazê-lo: eu sempre excepciono a vantagem distante e imperceptível de reduzir o preço de bens de todos os tipos; e, dessa forma remota, multiplicar os prazeres futuros dos indivíduos. Mas essa foi uma consideração muito distante e refinada para ter sido a base original para restringir a limitação a este lado.

RAZÕES PARA A RESTRIÇÃO - PREVENÇÃO DA PRODIGALIDADE

CARTA III

Tendo terminado com os sons, venho com prazer às proposições, as quais, na medida em que são verdadeiras em termos de fato, podem merecer o nome de razões. E em primeiro lugar, quanto à eficácia de tais leis restritivas em relação à Prevenção da Prodigalidade.

Que a prodigalidade seja uma coisa ruim e que a prevenção dela seja um objetivo adequado para o legislador propor a si mesmo, desde que ele se restrinja ao que considero como medidas apropriadas, não tenho objeção em admitir, pelo menos para fins de argumentação. No entanto, se esta fosse a questão principal, eu veria como incumbente da tarefa de apresentar de forma justa as razões pelas quais se pode duvidar até que ponto, em relação a uma pessoa que atingiu a idade da discrição, terceiros podem ser juízes competentes de qual das duas dores pode ser de maior força e valor para ele: a dor presente de restringir seus desejos atuais ou a dor futura contingente à qual ele pode estar exposto devido à falta à qual os gastos para satisfazer esses desejos possam tê-lo reduzido no futuro. Para evitar que causemos danos uns aos outros, é mais do que necessário colocar freios em nossas bocas: é necessário para a tranquilidade e a própria existência da sociedade. Mas o fato de impor rédeas a pessoas adultas, a fim de evitar que causem danos a si mesmos, não é necessário nem para a existência nem para a tranquilidade da sociedade, embora possa ser útil para o seu bem-estar, eu penso que não pode ser contestado. Esse cuidado paternal, ou se preferir, materno, pode ser uma boa obra, mas certamente é uma obra de super-rogação.

Por minha parte, devo confessar que, desde que apenas esses métodos sejam empregados, como me parecem apropriados, e existem tais métodos, eu não me sentiria inclinado a ver algumas medidas tomadas para restringir a prodigalidade: mas isso não pode ser considerado como sendo dessa natureza. Agora, eu apresentarei minhas razões.

Em primeiro lugar, considero que não é nem natural nem comum que os pródigos, como tal, recorram a esse método, isto é, o de oferecer uma taxa de juros acima da comum para suprir suas necessidades.

Primeiro, nenhum homem, espero que você concorde, seja pródigo ou não, nunca pensa em pegar dinheiro emprestado para gastar enquanto tem dinheiro pronto, ou bens que possa transformar em dinheiro sem perda. E essa dedução exclui o que, suponho, você considerará como a maior proporção das pessoas sujeitas, em qualquer momento dado, à imputação de prodigalidade.

Em segundo lugar, nenhum homem, em um país como a Grã-Bretanha, pelo menos, tem necessidade, nem é provável, de pegar dinheiro a uma taxa de juros extraordinária, se ele tem uma garantia a oferecer, igual àquela sobre a qual o dinheiro comumente é obtido na taxa mais alta. Enquanto tantas pessoas anunciam, como é possível ver todos os dias, dinheiro emprestado a cinco por cento, o que levaria um homem, que tem alguma coisa para oferecer que possa ser chamada de garantia, a oferecer, por exemplo, seis por cento, é mais do que posso conceber.

Você pode dizer, talvez, que um homem que deseja emprestar seu dinheiro com segurança deseja ter seu interesse pontualmente pago, sem o gasto, risco, dificuldade e repúdio de recorrer à justiça; e que, por esse motivo, é melhor lidar com um homem sóbrio do que com um pródigo. Até certo ponto, concordo com você; mas se você acrescentar que, por esse motivo, seria necessário que um pródigo oferecesse mais do que outro homem, eu discordaria de você. Em primeiro lugar, não é uma coisa tão fácil, nem, acredito, comum, para o credor com garantia poder julgar, ou até mesmo tentar julgar, se a conduta de alguém que oferece pegar seu dinheiro emprestado é ou não de tal natureza a enquadrá-lo nessa descrição. A questão, pródigo ou não pródigo, depende de duas informações, nenhuma das quais, em geral, é muito fácil de ser obtida: de um lado, o valor de seus meios e expectativas razoáveis; do outro lado, o montante de suas despesas. A qualidade da garantia é uma questão de natureza muito diferente: neste aspecto, cada homem tem um meio conhecido e pronto de obter esse tipo de informação, o que é o mais satisfatório que a natureza das coisas pode fornecer, indo ao seu advogado. É, portanto, eu penso, na opinião de seus advogados que os credores em geral baseiam sua decisão nesses casos, e não em nenhum cálculo que eles possam ter feito sobre o recebimento e os gastos do mutuário. Mas mesmo que a disposição de um homem para a prodigalidade fosse bem conhecida, sempre haveria pessoas dispostas a quem essa disposição seria mais um incentivo do que uma objeção, desde que estivessem satisfeitas com a garantia. Todo mundo sabe o benefício a ser obtido no caso de hipoteca, através de uma execução ou venda forçada: e que esse benefício é buscado não raramente, eu acredito, dificilmente será contestado por qualquer pessoa que tenha tido a oportunidade de observar o curso dos negócios no tribunal de Chancelaria.

Em resumo, enquanto um pródigo tiver algo para penhorar ou dispor, seja em posse, ou até mesmo em reversão, seja de natureza certa ou contingente, não vejo como ele pode receber o menor benefício de qualquer lei que exista ou possa ser criada para fixar a taxa de juros. Suponha que a lei seja eficaz até certo ponto e que o pródigo não consiga encontrar nenhum daqueles monstros chamados usurários para negociar com ele, ele fica tranquilo? De jeito nenhum: ele continua e consegue o dinheiro que precisa, vendendo seu interesse em vez de pegar emprestado. Ele continua, digo: pois se ele tem prudência suficiente para se conter em algum lugar, ele não é o tipo de pessoa que vale a pena a lei tentar parar por tais meios. É bem claro, então, que para um pródigo nessas circunstâncias, a lei não pode prestar nenhum serviço; pelo contrário, pode e em muitos casos *deve ser*, prejudicial a ele, ao negar-lhe a opção de um recurso, que, por mais desvantajoso que seja, dificilmente poderia ter se mostrado mais desvantajoso, mas naturalmente teria se mostrado menos desvantajoso do que aqueles que ainda lhe estão disponíveis. Mas disso falaremos mais adiante.

Agora chegamos à única classe restante de pródigos, ou seja, aqueles que não têm nada que possa ser chamado de garantia para oferecer. Acredito que esses não têm mais probabilidade de obter dinheiro a uma taxa de juros extraordinária do que a taxa comum. Pessoas que sentem ou encontram razões para fingir sentir amizade pelo mutuário não podem cobrar dele mais do que a taxa de juros comum: pessoas que não têm esse motivo para emprestar a ele simplesmente não o farão. Se o conhecem pelo que ele é, isso os impedirá, é claro. E mesmo que não saibam nada dele por nenhuma outra circunstância, o simples fato de ele não conseguir encontrar um amigo disposto a confiar nele na taxa comum mais alta já é motivo suficiente para um estranho considerá-lo um homem que, segundo o julgamento de seus amigos, não é provável que pague.

A forma como os pródigos se endividam depois de gastarem toda a sua substância, acredito que seja pedindo emprestado de seus amigos e conhecidos, a juros comuns ou mais comumente sem juros, pequenas somas, que cada pessoa pode estar disposta a perder ou sentir vergonha de pedir garantia real; e como os pródigos geralmente têm um amplo círculo de conhecidos (um amplo círculo de conhecidos sendo ao mesmo tempo a causa e o efeito da prodigalidade), o total de dinheiro que um homem pode gastar dessa forma pode ser considerável, embora cada soma emprestada possa, em relação às circunstâncias do credor, ter sido insignificante. Acredito que essa seja a trajetória que os pródigos, que gastaram tudo o que tinham, percorrem atualmente, sob o sistema atual de leis restritivas, e isso, e nada mais, acredito que seria a trajetória que eles percorreriam se essas leis não existissem.

Outra consideração que, penso eu, completará sua convicção, se ainda não estiver completa, sobre a ineficácia dessas leis quanto a impor qualquer tipo de restrição à prodigalidade, é que há outro grupo de pessoas dos quais os pródigos obtêm o que desejam, e sempre obterão, enquanto houver crédito, apesar de todas as leis contra altas taxas de juros; e, caso eles considerem necessário, a um custo mais do que igual a um excesso de juros que eles poderiam, de outra forma, ter que pagar. Refiro-me aos comerciantes que fornecem os bens que eles precisam. Todo mundo sabe que é muito mais fácil obter mercadorias do que dinheiro. As pessoas confiam mercadorias com garantias muito mais frágeis do que fazem com dinheiro: é muito natural que o façam: o lucro comum do comércio sobre todo o capital empregado no negócio de um homem, mesmo após o custo do aluguel do depósito, salários dos funcionários e outras despesas gerais serem levados em conta e compensados, é pelo menos igual ao dobro do juro; digamos, 10 por cento. O lucro comum em um determinado lote de mercadorias, portanto, deve ser muito maior, digamos pelo menos o triplo do juro, 15 por cento. No comércio, um homem pode se permitir ser pelo menos três vezes mais aventureiro do que emprestando dinheiro, e com a mesma prudência. Portanto, enquanto um homem é visto como alguém que pagará, ele pode obter as mercadorias que precisa com muito mais facilidade do que poderia obter o dinheiro para comprá-las, mesmo que estivesse disposto a pagar o dobro ou o triplo da taxa de juros comum.

Supondo que alguém, em busca de lucros extraordinários, esteja disposto a correr o risco de fornecer-lhe dinheiro, embora não considere sua garantia pessoal igual à de outro homem, e em busca do lucro extraordinário, assuma o risco extraordinário; no comerciante, em resumo, em todo tipo de comerciante com quem ele costumava lidar em seus dias solventes, ele vê uma pessoa que pode aceitar qualquer taxa de lucro, sem o menor perigo de qualquer lei que exista ou possa ser criada contra a usura. Que inutilidade, então, pensar em impedir que um homem receba seis, sete ou oito por cento de juros, quando, se ele optar por correr um risco proporcional, poderá obter trinta ou quarenta por cento dessa forma, ou qualquer taxa que desejar. E em relação ao pródigo, se ele não pode obter o que deseja sob essas condições, qual é a chance de ele conseguir em outras condições, supondo que as leis contra a usura sejam eliminadas? Esta é outra maneira, portanto, em que, em vez de servi-lo, prejudica-o, restringindo suas opções e levando-o a um mercado que poderia ter sido menos desvantajoso, mas que se torna mais desvantajoso.

No que diz respeito à prodigalidade, devo confessar que não vejo utilidade em deter o fluxo de despesas dessa maneira, quando há tantas maneiras inevitáveis de deixá-lo escapar por outro lado.

Se há algum dano à sociedade, no geral, ao permitir que tanto dinheiro caia de uma só vez dos bolsos do pródigo, que teria continuado a desperdiçá-lo, para o caixa do comerciante econômico, que o guardará, não vale a pena investigar para o propósito presente: o que é evidente é que, no que diz respeito a salvar o pródigo de pagar uma taxa extraordinária pelo que ele gasta, esse objetivo não é promovido de forma alguma ao fixar a taxa de juros sobre o dinheiro emprestado. Ao contrário, se a lei tiver algum efeito, ela vai contra esse objetivo: já que, se ele pedisse emprestado, seria apenas se ele pudesse fazê-lo a uma taxa inferior à que ele seria obrigado a pagar de outra forma. Impedir seu empréstimo a uma taxa adicional pode ter o efeito de aumentar seu sofrimento, mas não pode diminuí-lo; permitir seu empréstimo a essa taxa pode ter o efeito de reduzir seu sofrimento, mas não pode aumentá-lo.

Para pôr um fim à prodigalidade, se realmente valer a pena, só conheço um curso efetivo que pode ser adotado, além dos cursos incompletos e insuficientes atualmente possíveis, e isso é colocar o pródigo condenado sob interdição, como era praticado anteriormente pelos romanos e ainda é praticado entre os franceses e outras nações que adotaram a lei romana como base da sua própria. Mas discutir a conveniência ou esboçar os detalhes de tal instituição não cabe ao propósito atual.

RAZÕES PARA RESTRIÇÃO - PROTEÇÃO À INDIGÊNCIA

CARTA IV

Além dos pródigos, existem outras três classes de pessoas, e apenas três, para as quais posso conceber que essas leis restritivas tenham sido projetadas. Refiro-me aos indigentes, aos empreendedores imprudentes e aos ingênuos: aqueles cujas necessidades pecuniárias podem levá-los a oferecer juros acima da taxa ordinária, em vez de não tê-los, e aqueles que, por imprudência, podem estar dispostos a se aventurar a dar tal taxa, ou por negligência combinada com ignorância, podem estar dispostos a aceitá-la.

Ao falar dessas três diferentes classes de pessoas, peço licença para considerar uma delas de cada vez: e, portanto, ao falar dos indigentes, devo considerar a indigência, em primeiro lugar, como desprovida de ingenuidade. Nessa ocasião, posso supor, e devo supor, nenhuma falha particular no julgamento ou temperamento de um homem que o desvie mais do que a média dos homens. Ele sabe o que é do seu interesse tanto quanto eles, e está tão disposto e capaz de persegui-lo quanto eles estão.

Já insinuei, o que penso ser inegável, que não existe uma ou duas ou outro número limitado de taxas de juros que possam ser igualmente adequadas ao número ilimitado de situações, em relação ao grau de exigência, em que um homem pode se encontrar: de tal forma que a situação de um homem, que pelo uso do dinheiro pode fazer, por exemplo, 11 por cento, seis por cento são tão adequados quanto 5 por cento é para a situação daquele que pode fazer apenas 10; para aquele que pode fazer 12 por cento, sete e assim por diante. Da mesma forma, no caso de ele precisar para salvar-se de um prejuízo (que é o que é mais provável de ser considerado sob o nome de exigência) se essa perda fosse de 11 por cento, 6 por cento são tão adequados para a sua situação quanto 5 por cento seriam para a situação daquele que teria apenas uma perda de dez por cento para salvar-se pelos mesmos meios. E em qualquer caso, embora, proporcionalmente ao valor da perda, a taxa de juros fosse tão grande que a economia líquida não ultrapassasse mais do que um por cento ou qualquer fração de por cento, ainda assim, desde que isso represente algo, ele estaria um pouco melhor emprestando, mesmo nessas condições comparativamente desvantajosas. Se, em vez de ganho, colocarmos qualquer outro tipo de benefício ou vantagem - se, em vez de perda, colocarmos qualquer outro tipo de prejuízo ou inconveniência de valor igual, o resultado será o mesmo.

Um homem está em uma dessas situações, suponha, em que seria vantajoso para ele pedir dinheiro emprestado. Mas suas circunstâncias são tais que não valeria a pena para ninguém emprestar a ele na taxa mais alta que a lei propõe permitir; em resumo, ele não pode obtê-lo a essa taxa. Se ele pensasse que poderia obtê-lo a essa taxa, com certeza não ofereceria uma taxa maior: pode-se confiar nisso, pois, de acordo com a suposição, ele não tem nada de defeituoso em seu entendimento. Mas o fato é que ele não pode obtê-lo a essa taxa mais baixa. A uma taxa mais alta, no entanto, ele poderia obtê-lo: e a essa taxa, embora mais alta, valeria a pena para ele obtê-lo: assim julga ele, que não tem nada que o impeça de julgar corretamente; que tem todo o motivo e todos os meios para formar um julgamento correto; que tem todo o motivo e todos os meios para se informar das circunstâncias, sobre as quais a retidão do julgamento, no caso em questão, depende. O legislador, que não sabe nada, nem pode saber nada, de nenhuma dessas circunstâncias, que não sabe absolutamente nada sobre o assunto, vem e lhe diz: "Não importa; você não terá o dinheiro: pois seria prejudicial permitir que você o pegasse em tais condições." - E isso por prudência e bondade! - Pode haver crueldade pior: mas pode haver maior tolice?

A tolice daqueles que persistem, como se supõe, sem motivo, em não seguir um conselho, tem sido muito explorada. Mas a tolice daqueles que persistem, sem motivo, em impor seus conselhos aos outros, tem sido pouco abordada, embora seja talvez a mais frequente e flagrante das duas. Raramente um homem é um juiz melhor para outro, do que esse outro é para si mesmo, mesmo nos casos em que o conselheiro se dá ao trabalho de se tornar mestre de muitos dos elementos para julgar, que estão ao alcance da pessoa que deve ser aconselhada. Mas o legislador não está e não pode estar na posse de nenhum desses materiais. - Que privado pode ser igual a tal tolice pública?

Agora devo falar da classe empreendedora de mutuários: aqueles que, quando caracterizados por um único termo, são distinguidos pela desfavorável denominação de projetistas: mas no que tenho a dizer sobre eles, Dr. Smith, começo a prever, desempenhará uma parte tão importante, que quando chegar a abordar esse assunto, penso em me despedir de você e me dirigir a ele.

RAZÕES PARA A RESTRIÇÃO - PROTEÇÃO DA SIMPLICIDADE

CARTA V

Chego, por último, ao caso dos ingênuos. Aqui, em primeiro lugar, penso que, a esta altura, estou autorizado a observar que nenhuma simplicidade, exceto a idiotice absoluta, pode levar o indivíduo a fazer um julgamento mais infundado do que o legislador, que, nas circunstâncias mencionadas acima, pretendesse confiná-lo a uma determinada taxa de juros.

Outra consideração, igualmente conclusiva, é que, mesmo que o julgamento do legislador fosse muito superior ao do indivíduo, por mais fraco que este possa ser, o exercício disso nessa ocasião nunca pode ser de outra forma senão inútil, desde que existam tantas ocasiões semelhantes, como sempre deve haver, onde a simplicidade do indivíduo é igualmente propensa a torná-lo uma vítima, e sobre as quais o legislador não pode intervir com eficácia, nem sequer considerou intervir.

Comprar mercadorias com dinheiro ou a crédito é o negócio de todos os dias: emprestar dinheiro é apenas o negócio de algumas exigências específicas, que, em comparação, podem ocorrer apenas raramente. Regular os preços das mercadorias em geral seria uma tarefa interminável, e nenhum legislador jamais foi suficientemente tolo para pensar em tentá-la. E supondo que ele regulasse os preços, o que isso significaria para a proteção da simplicidade, a menos que ele também regulasse a quantidade que cada homem deveria comprar? Essa quantidade é de fato regulada, ou melhor, são tomadas medidas para impedir completamente a compra; mas em que casos? Apenas naqueles em que se julga que a fraqueza chegou a tal ponto a ponto de tornar um homem completamente incapaz de gerir seus assuntos: em suma, quando chegou ao ponto da idiotice.

Mas em qualquer grau que a fraqueza de um homem possa expô-lo a imposições, ele está muito mais exposto a isso, na forma de compra de mercadorias, do que na forma de empréstimo de dinheiro. Ser informado, antecipadamente, dos preços ordinários de todas as espécies de coisas que um homem pode ter ocasião de comprar, pode ser uma tarefa de considerável variedade e extensão. Ser informado da taxa de juros comum é estar informado de um único fato, muito interessante para não ter atraída atenção, e muito simples para ter escapado da memória. Alguma percentagem a mais sobre o preço das mercadorias é uma questão que pode passar facilmente despercebida; mas um único por [um] cento além da taxa ordinária de juros do dinheiro é um passo mais evidente e surpreendente do que muitos por cento sobre o preço de qualquer tipo de mercadoria.

Mesmo em relação a assuntos que, por sua importância, justificariam uma regulamentação de seu preço, como por exemplo a terra, duvido se já houve algum caso em que, sem alguma fundamentação, tais como, fraude ou supressão de fatos necessários para formar a convicção do valor ou, pelo menos, ignorância de tais fatos, ou, por outro lado, caso um acordo foi anulado, apenas porque um homem vendeu barato demais ou comprou caro demais. Se eu tivesse a vontade de dar cem anos de pagamento em vez de trinta, por um pedaço de terra, ao invés de não tê-la, não creio que haja algum tribunal na Inglaterra, ou em qualquer outro lugar, que se intrometesse para me impedir, muito menos punir o vendedor com a perda de três vezes o valor da compra, como no caso da usura. No entanto, quando eu tivesse meu pedaço de terra e pago meu dinheiro, o arrependimento, mesmo que a lei estivesse disposta a me ajudar, poderia ser inútil: o vendedor poderia ter gasto o dinheiro ou fugido com ele. Mas, no caso de emprestar dinheiro, é o mutuário sempre, que, de acordo com o prazo indefinido ou curto pelo qual o dinheiro é emprestado, está do lado seguro: qualquer imprudência que ele possa ter cometido em relação à taxa de juros, pode ser corrigida a qualquer momento: se eu descobrir que dei um juro muito alto para um homem, eu não tenho mais nada a fazer além de pedir emprestado de outro a uma taxa mais baixa e pagar o primeiro; se eu não puder encontrar ninguém para me emprestar a uma taxa mais baixa, não pode haver uma prova mais certa de que o primeiro não estava realmente muito alto. Mas disso falaremos mais adiante.

MALEFÍCIOS DAS LEIS CONTRA A USURA

CARTA VI

Nas cartas anteriores, examinei todas as maneiras que consigo pensar, nas quais as restrições impostas pelas leis contra a usura foram consideradas como benéficas.

Espero que agora tenha ficado claro que não há formas em que essas leis possam fazer algum bem. Mas há várias formas em que só podem causar danos.

O primeiro malefício que mencionarei é o de impedir que tantas pessoas obtenham o dinheiro de que precisam para atender às suas respectivas necessidades. Pense no sofrimento que isso causaria se a liberdade de empréstimo fosse negada a todos: negada àqueles que têm segurança suficiente para oferecer, o que torna a taxa de juros que têm a oferecer um incentivo suficiente para uma pessoa que tem dinheiro para confiar neles. Exatamente o mesmo tipo de sofrimento é causado ao negar essa liberdade a tantas pessoas, cuja segurança, embora, se lhes fosse permitido acrescentar algo a essa taxa, seria suficiente, mas que é tornada insuficiente ao negar-lhes essa liberdade. Por que a infelicidade de não possuir esse grau arbitrariamente exigido de segurança deve ser usado como motivo para submeter um homem a uma dificuldade que não é imposta àqueles que estão livres dessa infelicidade, é algo que não consigo entender. A única diferença que consigo ver para discriminar a primeira classe da última é que a necessidade deles é maior. Isso é uma suposição implícita: se não fosse assim, não poderiam estar dispostos a dar mais para se livrar disso. Nesse ponto de vista, a única tendência da lei é aumentar o sofrimento.

Um segundo malefício é tornar as condições muito piores para uma multidão daqueles cujas circunstâncias os isentam de serem completamente impedidos de obter o dinheiro de que necessitam. Nesse caso, o malefício, embora necessariamente menos intenso do que no outro, é muito mais palpável e evidente. Aqueles que não podem pedir emprestado podem conseguir o que desejam, desde que tenham algo para vender. Mas, enquanto, por amor ou qualquer outro motivo, a lei impede um homem de pedir emprestado em termos que ele considera muito desvantajosos, não o impede de vender em quaisquer termos, por mais desvantajosos que sejam. Todos sabem que as vendas forçadas acarretam perdas: e, para essa perda, o que seria considerado um juro mais extravagante em geral não tem proporção. Quando os bens móveis de um homem são tomados em execução, eles são, acredito, bastante bem vendidos se, depois de todas as despesas pagas, o valor chegar a dois terços do que custaria para substituí-los. Dessa forma, a providência e a bondade da lei lhe custam 33 por cento e não mais, supondo que, o que raramente é o caso, nenhum outro efeito seja tomado além do que é estritamente necessário para cobrir o valor do dinheiro devido. Se, em sua negligência e fraqueza, ela o permitisse oferecer 11 por cento ao ano por ceder, seriam necessários três anos para que ele pagasse o que lhe foi cobrado em primeiro lugar pela sua sabedoria.

Sendo essa a gentileza feita pela lei ao proprietário de bens móveis, vejamos como isso é para aquele que tem interesse em imóveis. Antes da última guerra, 30 anos de compra por terra poderiam ser considerados, creio que é bem aceito, um preço médio. Durante a angústia produzida pela guerra, as terras que precisavam ser vendidas foram vendidas a 20, 18, e até, acredito, em alguns casos, tão baixo quanto 15 anos de compra. Se não me engano, lembro-me de casos de terras colocadas em leilão público, para as quais ninguém fez um lance tão alto quanto quinze. Em muitos casos, vilas que haviam sido compradas antes da guerra ou no início dela e, no intervalo, haviam sido melhoradas em vez de depreciadas, foram vendidas por menos da metade, ou até um quarto, do que haviam sido compradas. Não me atrevo a ser preciso aqui, mas sobre este trecho, se fosse relevante, o Sr. Skinner ou o Sr. Christie poderiam fornecer notas muito instrutivas. Pode-se permitir que eu tome vinte anos de compra, pelo menos para fins de ilustração. Uma propriedade, portanto, de 100 libras por ano, livre de impostos, foi legada a um homem, com um ônus, suponha, de 1500 libras com juros até que o dinheiro fosse pago. Cinco por cento de juros, o máximo que o proprietário poderia aceitar, não atendia ao propósito do credor; ele optou por ter o dinheiro. Mas talvez 6 por cento atendesse ao propósito dele, se não, certamente atenderia ao propósito de outra pessoa: pois havia multitudes que estavam satisfeitas com 5 por cento. A guerra durou, acredito, sete anos: a depreciação do valor da terra não ocorreu imediatamente: mas, por outro lado, ela também não recuperou imediatamente seu preço anterior após a paz, se é que já o recuperou até agora; podemos colocar sete anos como o período durante o qual seria mais vantajoso pagar essa taxa de juros extraordinária do que vender a terra e, durante o qual, essa taxa de juros extraordinária teria que ser cobrada. Um por cento durante sete anos não vale exatamente o mesmo que sete por cento no primeiro ano: digamos, no entanto, que seja. A propriedade, que antes da guerra valia trinta anos de compra, ou seja, 3000 libras e que o legatário havia dado ao herdeiro por esse valor, sendo colocada à venda, alcançou apenas vinte anos de compra, 2000 libras. No final desse período, ela teria recuperado seu valor original de 3000 libras. Compare, então, a situação do herdeiro ao final dos 7 anos, sob a lei, com o que teria sido, sem a lei. No primeiro caso, a terra vendendo por 20 anos de compra, ou seja,

2000 libras. O que ele teria, após pagar as 1.500 libras, seriam 500 libras; o que, com os juros dessa quantia a 5 por cento durante sete anos, ou seja, 175 libras, totaliza, ao final desses sete anos, 675 libras. No outro caso, pagando 6 por cento sobre as 1.500 libras, o que seriam 90 libras por ano, e recebendo durante todo esse tempo o aluguel da terra, ou seja, 100 libras, ele teria, ao final dos sete anos, o valor dos dez restantes durante esse período, ou seja, 70 libras, além de suas 1.000 libras. Subtraindo 675 libras de 1.070 libras, restam 395 libras. Portanto, essas 395 libras é o que ele perde de suas 1.070 libras, quase 37 por cento de seu capital, devido à generosidade da lei. Faça os cálculos e você verá que, ao impedir que ele pegue emprestado o dinheiro a 6 por cento de juros, a lei o faz sofrer quase tanto quanto se ele tivesse emprestado a 10 por cento.

O que eu disse até agora se limita ao caso daqueles que têm valor presente para dar em troca do dinheiro de que precisam. Se eles não têm tal valor, então, se conseguirem obter assistência em qualquer condição, será em violação da lei, e seus credores se exporão à sua vingança. Aqui, não estou falando do caso acidental de a lei ser redigida de forma a ser suscetível de evasão. Mas, mesmo nesse caso, a influência danosa da lei ainda os persegue; agravando o próprio mal que pretende remediar. Embora seja ineficaz da forma como o legislador gostaria de vê-la, ela é eficaz no sentido oposto ao que ele desejaria. O efeito dela é elevar a taxa de juros a um nível mais alto do que seria de outra forma, e isso de duas maneiras. Em primeiro lugar, por prudência, como observa o Dr. Smith, um homem deve se certificar de ser indenizado não apenas por qualquer risco extraordinário que ele corra independentemente da lei, mas pelo risco causado pela própria lei: ele deve se segurar, por assim dizer, contra a lei. Essa causa operaria mesmo que houvesse tantas pessoas prontas para emprestar na taxa ilegal quanto na legal. Mas esse não é o caso: um grande número de pessoas são, é claro, afastadas dessa concorrência pelo perigo do negócio; e outro grande número, pelo desprestígio que, sob o disfarce dessas leis proibitivas ou de outras maneiras, se fixou no nome de usurário. Assim, muitas pessoas sendo excluídas do comércio, acontece nesta área, como necessariamente aconteceria em qualquer outra, que aqueles que permanecem têm menos razões para se abster de aumentar seus termos; e sem conluio (pois deve-se admitir que a conspiração nesse caso é claramente impossível), cada um encontrará mais facilmente aproveitar-se até qualquer grau de exorbitância, do que faria se houvesse um maior número de pessoas da mesma estirpe para recorrer.

Quanto ao caso em que a lei é redigida de forma a ser suscetível de evasão, neste caso é em parte ineficaz e inútil e, em parte, danosa. É inútil para todos aqueles cuja confiança de que é assim é perfeita: é danosa, como antes, para todos aqueles que não possuem essa confiança perfeita. Se o mutuário não encontrar ninguém que tenha confiança suficiente para aproveitar a falha, ele continua excluído de toda assistência, como antes: e, embora o encontrasse, os termos do mutuante devem necessariamente subir em proporção ao que sua confiança está aquém de ser perfeita. É pouco provável que seja perfeita: é ainda menos provável que ele a reconheça como tal: é improvável, pelo menos como as coisas estão na Inglaterra, que a lei mais mal redigida para este propósito esteja completamente destituída de efeito: e enquanto ela tiver algum, esse efeito, vemos, deve ser de alguma forma prejudicial.

Já insinuei o desprestígio, a ignomínia, o opróbrio que o preconceito, a causa e o efeito dessas leis restritivas, lançaram sobre aquela classe de homens perfeitamente inocente e até mesmo meritória, que, não mais por seu próprio interesse do que para aliviar as aflições do próximo, pode ter se arriscado a romper essas restrições. Certamente não é uma questão indiferente que uma classe de pessoas que, em todos os aspectos em que sua conduta pode ser colocada, seja em relação ao seu próprio interesse ou àquele com quem lidam, tanto no que diz respeito à prudência quanto à beneficência (e de que serve até mesmo a benevolência, senão na medida em que é produtiva de beneficência?), merecem elogios em vez de censura, devem ser classificadas com os abandonados e profligados, e carregadas com um grau de infâmia que é devido apenas àqueles cuja conduta é em sua tendência a mais oposta à própria deles.

"Esse sofrimento", pode-se dizer, "tendo já sido levado em conta, não deve ser levado em conta uma segunda vez: eles estão cientes, como você mesmo observa, desse inconveniente e cuidaram de obter tais compensações, que eles mesmos consideram suficientes." É verdade, mas será que a compensação, por mais que seja, sempre se provará suficiente no final? Não há espaço para um cálculo errado aqui? Pode haver incidentes inesperados, não previstos, suficientes para transformar em amargura a satisfação máxima que a diferença de emolumento pecuniário poderia proporcionar? Pois quem pode ver o fim daquela interminável cadeia de consequências que estão sujeitas a resultar da perda de reputação? Quem pode sondar o abismo da infâmia? Em qualquer caso, este artigo de prejuízo, se não for uma adição quantitativa aos outros já mencionados, é pelo menos distinto deles em sua natureza, e como tal não deve ser ignorado.

Além disso, o evento da execução da lei de modo algum é inédito: vários desses casos, em diferentes momentos, caíram dentro do meu conhecimento. Então vem a perdição absoluta: perda de caráter e confisco, não de três vezes o juro extra, que formou o lucro da ofensa, mas de três vezes o principal, que deu origem a ela.

O último artigo que tenho a mencionar na conta do prejuízo é a influência corruptiva exercida por essas leis sobre a moral do povo, pela dor que causam e não podem deixar de causar, para dar origem à traição e à ingratidão. Para adquirir a possibilidade de ser aplicada, a lei não encontrou, nem, o que é muito importante, deve esperar encontrar, neste caso, qualquer outro expediente além de contratar um homem para quebrar seu compromisso e esmagar a mão que foi estendida para ajudá-lo. No caso de informantes em geral, não houve troca de juramentos, nem benefício recebido. No caso de criminosos reais convidados por recompensas para informar contra cúmplices, é por meio dessa quebra de fé que a sociedade se mantém unida, como em outros casos pela observância dela. No caso de crimes reais, na medida em que sua nocividade é aparente, o que não pode deixar de ser manifesto até para o criminoso, é que é através do cumprimento de seu compromisso que ele causaria um prejuízo à sociedade, e que, ao romper esse compromisso, em vez de fazer o mal, está fazendo o bem: no caso de usura, é isso que nenhum homem pode saber, e o que quase se pode pensar ser possível para qualquer homem, que, na qualidade de mutuário, esteve envolvido em tal transação. Ele sabia que, mesmo em seu próprio julgamento, o compromisso era benéfico para ele, ou ele não teria entrado nele; e ninguém mais, exceto o mutuante, é afetado por isso.

EFETIVIDADE DAS LEIS ANTIUSURÁRIAS

CARTA VII

Antes de abandonar completamente a consideração do caso em que uma lei, feita com o propósito de limitar a taxa de juros, pode ser ineficaz com relação a esse objetivo, não posso deixar de notar novamente um trecho já mencionado do Dr. Smith: porque, em minha opinião, esse trecho parece lançar sobre o assunto um grau de obscuridade que eu gostaria de ver esclarecido em uma futura edição desse valioso trabalho.

"Nenhuma lei", diz ele, *"pode reduzir a taxa comum de juros abaixo da menor taxa de mercado ordinária, no momento em que essa lei foi feita. Apesar do édito de 1766, pelo qual o rei francês tentou reduzir a taxa de juros de cinco para quatro por cento, o dinheiro continuou a ser emprestado na França a cinco por cento, a lei sendo evitada de várias maneiras diferentes."*

Quanto à posição geral, se assim for, tanto melhor, de acordo comigo, mas devo confessar que não vejo por que isso deveria ser o caso. É com o propósito de provar a verdade dessa posição geral que parece ser adicionado o fato da ineficácia dessa tentativa: pois nenhuma outra prova é apresentada além dessa. Mas, ao considerar o fato como garantido, não vejo como ele pode ser suficiente para sustentar a inferência. A lei, somos informados ao mesmo tempo, foi evitada: mas não nos é dito como ela veio a estar aberta para evasão. Pode ser devido a um defeito específico na redação dessa lei específica: ou, o que dá no mesmo, nas disposições feitas para colocá-la em prática. Em qualquer caso, isso não oferece suporte à posição geral: nem essa posição pode ser justa, a menos que fosse assim no caso em que cada disposição tivesse sido feita, que poderia ser feita, para dar eficácia à lei. Para que a posição seja verdadeira, o caso deve ser que a lei ainda seria violada, mesmo depois de todos os meios do que pode ser chamado de evasão tivessem sido removidos. Verdadeira ou falsa, a posição certamente não é autoevidente o suficiente para ser aceita sem prova: no entanto, nada é apresentado como prova disso, exceto o fato já mencionado, que não chega a tal conclusão. Além disso, eu não esperaria encontrar a posição capaz de ser provada. Eu não vejo o que poderia tornar a lei incapaz de "reduzir a taxa comum de juros abaixo da menor taxa de mercado ordinária", exceto um estado de coisas, uma combinação de circunstâncias, que oferecesse obstáculos igualmente poderosos, ou quase isso, à eficácia da lei contra todas as taxas mais altas. Para destruir totalmente a eficácia da lei, não conheço nada que pudesse servir, exceto uma resolução por parte de todas as pessoas de qualquer forma envolvidas em não informar: mas por essa resolução, qualquer taxa mais alta é tão efetivamente protegida de qualquer taxa mais baixa. Suponha que a resolução, estritamente falando, seja universal, e a lei deve ser igualmente ineficaz em todos os casos; todas as taxas de juros igualmente livres; e o estado das transações dos homens nessa área será exatamente o que seria se não houvesse lei alguma sobre o assunto. Mas, nesse caso, a posição, na medida em que limita a ineficácia da lei a taxas abaixo da "menor taxa de mercado ordinária", não é verdadeira. Quanto a mim, não consigo conceber como tal resolução universal poderia ter sido mantida, ou poderia ser mantida, sem um concerto aberto e uma rebelião contra o governo; nada disso parece ter acontecido: e, quanto a quaisquer confederações específicas, elas são capazes de proteger taxas mais altas contra a proibição, assim como as mais baixas.

Deve-se admitir, no entanto, que a taxa baixa em questão, ou seja, aquela que foi a menor taxa de mercado ordinária imediatamente antes da elaboração da lei, é provável que seja mais protegida pelo público contra a lei, com mais frequência do que qualquer outra taxa. Isso deve ser considerado por duas razões: primeiro, porque, sendo uma das taxas comuns, era, pela suposição, mais frequente do que qualquer taxa extraordinária: em segundo lugar, porque o desprestígio associado à ideia de usura, uma força que poderia ter mais ou menos eficácia em excluir, da proteção acima mencionada, taxas extraordinárias, não pode ser aplicada, ou pelo menos não em igual grau, a essa taxa baixa e comum. Um mutuante certamente tem menos motivos para impedir que ele receba uma taxa que pode ser aceita sem desonra do que para receber uma taxa que um homem não poderia aceitar sem se sujeitar a essa inconveniência: e também não é provável que as imaginações e sentimentos das pessoas demonstrem uma obsequiosidade tão súbita à lei, a ponto de estabelecer o desprestígio hoje em uma taxa de juros, a qual nenhum tal anexo se aplicava no dia anterior.

Se me perguntassem como eu imaginava que o caso estava na instância específica referida pelo Dr. Smith, julgando por sua descrição, auxiliado por probabilidades gerais, eu responderia assim; A lei, eu suponho, não foi redigida de forma a ser completamente à prova de evasão. Em muitos casos, dos quais é impossível que tenha sido feito qualquer registro, foi de fato cumprida: em alguns desses casos, as pessoas que emprestariam de outra forma se abstiveram de emprestar completamente; em outros desses casos, as pessoas emprestaram seu dinheiro na taxa legal reduzida. Em outros casos novamente, a lei foi quebrada: os mutuantes confiando, em parte, em expedientes usados para evitá-la, em parte na boa fé e honra daqueles com quem tratavam: nesta classe de casos, era natural, pelas duas razões acima sugeridas, que aqueles em que a antiga taxa legal foi mantida fossem os mais numerosos. A partir da circunstância, não apenas do número, mas de sua repugnância mais direta à lei recente específica em questão, eles naturalmente seriam os mais notados. E isso, eu suponho, foi a base, em termos de fato, para a posição geral mencionada pelo Doutor, de que "nenhuma lei pode reduzir a taxa comum de juros abaixo da menor taxa de mercado ordinária, no momento em que essa lei foi feita".

Na Inglaterra, pelo que posso confiar em meu julgamento e na lembrança geral e imperfeita do teor das leis relativas a esse assunto, não suporia que a posição acima se mostrasse verdadeira. Que não existe uma receita palpável e universalmente conhecida, bem como praticável por todos, é evidente pelos exemplos que, como mencionei anteriormente, aparecem de tempos em tempos, de condenações sob essas leis. Dois desses expedientes, de fato, terei a oportunidade de abordar em breve: mas eles não são suficientemente óbvios em sua natureza, ou muito incômodos ou limitados em sua aplicação, para terem despojado totalmente a lei de seus terrores ou de sua eficácia preventiva.

No país em que estou escrevendo, todo o sistema de leis sobre esse assunto é perfeitamente, e muito felizmente, ineficaz. A taxa fixada por lei é de 5 por cento: muitas pessoas emprestam dinheiro; e ninguém com essa taxa: a taxa mais baixa ordinária, sobre a melhor garantia real, é de 8 por cento; 9 e até 10, sobre essa garantia, são comuns. Seis ou sete podem ocorrer, de tempos em tempos, entre parentes ou outros amigos próximos: porque, às vezes, um homem pode escolher fazer um presente de um ou dois por cento a uma pessoa a quem ele deseja favorecer. O contrato é renovado de ano em ano: por mil rublos, o mutuário, em seu contrato escrito, se obriga a pagar no final do ano mil e cinquenta. Na presença de testemunhas, ele recebe seus mil rublos: e, sem testemunhas, ele imediatamente devolve seus 30 rublos ou seus 40 rublos, ou qualquer que seja a quantia necessária para trazer a taxa de juros real para a taxa acordada verbalmente.

Essa artimanha, eu acredito, não funcionaria na Inglaterra: mas por que não funcionaria, é uma questão que seria em vão para eu fingir debater, estando longe todas as autoridades.

USURA VIRTUAL PERMITIDA.

CARTA VIII

Tendo provado, como espero, a completa impropriedade da lei ao limitar a taxa de juros, em todos os casos concebíveis, pode ser mais uma questão de curiosidade do que qualquer outra coisa, indagar até que ponto a lei, a esse respeito, é consistente consigo mesma e com quaisquer princípios nos quais possa ter se baseado.

1. O desconto de letras é uma prática que será suficiente mencionar aqui. É perfeitamente conhecido por todos os comerciantes e pode ser conhecido por todos que não são comerciantes, consultando o Dr. Smith. Dessa forma, ele mostrou como o dinheiro pode ser, e tem sido, obtido a uma taxa tão alta quanto 13 ou 14 por cento, uma taxa quase três vezes mais alta do que a máxima que a lei professa permitir. O juro extra é disfarçado neste caso sob os nomes de comissão e taxa de câmbio. A comissão é pequena em cada empréstimo, não mais do que ½ por cento, eu acho: a prática estendeu-se até esse ponto, mas não mais, talvez seja considerado perigoso se aventurar em uma concessão mais alta sob esse nome. A cobrança, sendo repetida várias vezes ao longo do ano, compensa em frequência o que falta em peso. A

transação, com essa manobra, torna-se mais trabalhosa, de fato, mas não menos praticável, para as partes que estão de acordo com ela. Mas se a usura é boa para os comerciantes, não vejo muito bem o que a tornaria ruim para todos os demais.

2. Nesta distância de todas as montanhas de conhecimento jurídico, não pretendo dizer se a prática de vender letras aceitas com deságio resistiria a todos os ataques. Parece-me uma prática bastante comum e acredito que não poderia ser enquadrada em nenhuma das leis penais contra a usura. A adequação da consideração poderia, pelo que sei, ser questionada com sucesso em um tribunal de equidade; ou talvez, se houvesse provas suficientes (que o acordo das partes poderia facilmente impedir) por meio de uma ação comum de dinheiro recebido. Se a prática realmente resistir a todos os ataques, parece oferecer um método eficaz e bastante conveniente de contornar as leis restritivas. A única restrição é que ela requer a assistência de uma terceira pessoa, um amigo do mutuário; por exemplo: B, o mutuário real, precisa de 100 libras e encontra U, um agiota, disposto a emprestá-la a ele a 10 por cento. B tem F, um amigo, que não tem o dinheiro para emprestar, mas está disposto a ser fiador por ele, nesse valor. B, portanto, saca um título de crédito contra F, e F aceita, uma letra de 100 libras a 5 por cento de juros, pagável no final de um ano a partir da data. F emite uma letra semelhante contra B: cada um vende sua letra para U por cinquenta libras; e ela é endossada a U de acordo. As 50 libras que F recebe, ele entrega sem qualquer contrapartida a B. Essa transação, se for válida, e se um homem puder encontrar tal amigo, é evidentemente muito menos problemática do que a prática de descontar letras. E isso, se for praticável, pode ser adotado por pessoas de qualquer descrição, envolvidas ou não em negócios. Se o efeito desta página for sugerir um expediente, e isso um expediente seguro e conveniente, para contornar as leis contra a usura, para alguns que de outra forma talvez não tivessem pensado nisso, isso não pesará muito na minha consciência. As preces dos agiotas, seja qual for a eficácia que possam ter para aliviar o fardo, espero que eu tenha algum

direito. E acredito que você agora não ficará surpreso ao me ouvir dizer que tenho tanta confiança na eficácia dessas preces quanto na eficácia das preces de qualquer outra classe de homens.

De qualquer forma, terei uma desculpa a apresentar, que, ao apontar essas falhas, para o indivíduo que possa estar disposto a se aproveitar delas, as aponto ao mesmo tempo ao legislador, em cujo poder está obstruí-las, se ele acreditar que isso seja necessário. Se, apesar dessa opinião, ele deixar de fazê-lo, a culpa não recairá sobre minha diligência, mas sim em sua negligência.

Essas, pode-se dizer, mesmo que sejam evasões seguras e eficazes, ainda são apenas evasões e, se atribuídas à lei, são imputáveis não como inconsistências, mas como negligências. Seja assim. Deixando-as de lado, então, como expedientes praticados ou praticáveis, apenas às escondidas, eu gostaria de lembrar-lhe de outros dois, praticados desde o dia de sua criação, sob sua proteção e perante seu rosto.

O primeiro que devo mencionar é o *penhorismo*. Nesse caso, há menos justificativa para juros mais altos do que o comum, pois a segurança nesse caso não é apenas igual, mas melhor do que em qualquer outro: a posse atual de um bem móvel, de fácil venda, sobre o qual o credor tem o poder e certamente não falta a vontade de definir o preço mais vantajoso para ele. Se houver um caso em que permitir tais juros extraordinários seja mais perigoso do que outro, deve ser esse: especialmente adaptado à situação dos mais pobres, ou seja, daqueles que, por causa da indigência, simplicidade ou ambos, estão mais abertos à exploração. No entanto, o comércio é protegido abertamente pela lei, que o regula. Não me recordo qual é a taxa de juros permitida nesse caso, mas acredito que não seja menor que 12% ao ano e acredito que seja muito mais. Se fosse 12% ou 1200%, creio que faria pouca diferença na prática. O que a comissão representa para os negócios de saques e redescontos é o espaço de armazenamento para os penhores. Portanto, qualquer limite imposto aos lucros desse comércio é estabelecido, creio eu, não pela vigilância da lei, mas, como no caso de outros comércios, pela concorrência entre os comerciantes. Das outras regulamentações contidas nos atos relativos a esse assunto, não lembro de nenhum motivo para duvidar de sua utilidade.

O outro exemplo é o *bottomage* e a *respondentia* [NT.trad.: *um arranjo em que o comandante de um navio toma dinheiro emprestado no fundo ou na quilha do mesmo, de modo a perder o próprio navio ao credor*]: pois as duas transações, sendo tão intimamente relacionadas, podem ser tratadas juntas. O bottomage é a usura do penhorismo; a respondentia é a usura em geral, mas combinada de maneira com o seguro e empregada para auxiliar um comércio realizado por mar. Se alguma espécie de usura deve ser condenada, não vejo com base em que fundamentos essa espécie particular pode ser poupada da condenação. "Ah, mas" (diz Sir William Blackstone, ou qualquer outra pessoa que se encarregue da tarefa de encontrar uma razão para a lei), "este é um país marítimo, e o comércio que ele realiza por mar é a grande fortaleza de sua defesa." Não é necessário que eu inquira aqui se esse ramo, que, como o Dr. Smith mostrou, em todos os aspectos, exceto no simples aspecto da defesa, é menos benéfico para uma nação do que outros dois dos quatro ramos que compreendem todo o comércio, tem algum direito de ser preferido a eles dessa ou de qualquer outra maneira. Admito que a liberdade que esse ramo do comércio desfruta é apenas o que é perfeitamente justo que ele desfrute. O que eu quero saber é o que há na classe de pessoas envolvidas nesse comércio que deve tornar benéfica para elas uma liberdade que seria arruinadora para todos os outros. Será que as aventuras no mar têm menos risco do que as aventuras em terra? Ou será que o mar ensina aos que lidam com ele um grau de previsão e rejeição que foi negado aos homens da terra?

Seria fácil estender ainda mais essa acusação de inconsistência, incluindo a liberdade concedida aos seguros em todos os seus ramos, à compra e venda de rendas vitalícias e de "post-obits" [NT trad.:*espécie de seguro de vida*] e, em suma, a todos os casos em que um homem é permitido assumir um grau ilimitado de risco, recebendo uma compensação ilimitada por isso. Na verdade, não sei onde a falta de exemplos me pararia: pois em que parte do arquivo de eventos com os quais as transações humanas estão relacionadas a certeza pode ser encontrada? Mas a esse argumento *ad hominem*, como pode ser chamado, o uso do qual é apenas subsidiário e que tem mais de refutação do que de persuasão, eu coloco de bom grado um fim.

CONSIDERAÇÕES SOBRE BLACKSTONE

CARTA IX

Espero que, a essa altura, você esteja, pelo menos, bastante inclinado a concordar com minha opinião de que há exatamente o mesmo tipo de prejuízo, e nenhum outro, em obter as melhores condições possíveis em um empréstimo de dinheiro, assim como em qualquer outro tipo de negociação. Se você não está, porém, Blackstone [NT trad.: político da época] está, cuja opinião espero que você considere valiosa. Ao falar sobre a taxa de juros, ele estabelece um paralelo entre uma negociação para o empréstimo de dinheiro e uma negociação envolvendo um cavalo, e afirma, sem hesitação, que o prejuízo de obter um preço muito vantajoso é exatamente o mesmo em ambos os casos. Como a atividade de emprestar dinheiro, e não a de negociar cavalos, era o que os advogados chamam de "o caso principal", ele deixa de lado o negócio de cavalos, assim que este cumpre o propósito de ilustração para o qual foi trazido. Mas, em minha concepção, tanto o raciocínio que sustenta a decisão quanto aquele que qualquer outra pessoa poderia ter sustentado são tão aplicáveis à negociação de cavalos quanto à de empréstimo de dinheiro. Portanto, vou estender um pouco mais o paralelo e dar a mesma extensão ao raciocínio que à posição que ele é usado para apoiar.

Essa extensão não será sem utilidade; pois, se a posição, quando assim estendida, for considerada justa, uma inferência prática surgirá, que é a de que os benefícios dessas restrições devem ser estendidos do comércio de dinheiro ao comércio de cavalos. Minha própria opinião não é favorável a essas restrições em nenhum dos casos, como já declarei suficientemente, mas se opiniões mais respeitáveis do que a minha ainda prevalecerem, elas não serão menos respeitáveis por serem consistentes.

O tipo de negociação que o erudito comentador escolheu para a ilustração é, de fato, no caso de ilustração, assim como no caso ilustrado, um empréstimo: mas, em minha compreensão, o empréstimo ou venda não faz diferença alguma em termos de raciocínio, e a utilidade da conclusão será mais abrangente no caso da venda de cavalos, em vez da menos importante de emprestá-los.

Uma circunstância que tornaria a extensão dessas restrições ao comércio de cavalos mais suave e fácil é que, em ambos os ramos, o público já chegou ao ponto de chamar nomes. "Jockey", um termo de reprovação frequentemente aplicado tanto às artes daqueles que vendem cavalos quanto às artes daqueles que os montam, soa, creio eu, para o ouvido de muitos cavalheiros dignos, quase tão ruim quanto a usura: e é bem conhecido por todos aqueles que confiam em provérbios, e não menos por aqueles que confiam em partidos, que quando temos um cão para enforcar, que é problemático e nos mantém à distância, quem conseguir prender um nome ruim em sua cauda já ganhou mais da metade da batalha. Agora, prosseguirei com a minha aplicação. As palavras em destaque são minhas; todas as demais são de Sir William Blackstone; e restauro, ao final, as palavras que fui obrigado a descartar, a fim de dar espaço para as minhas.

"Demandar um preço exorbitante é igualmente contrário à consciência, seja para o empréstimo de um cavalo ou para o empréstimo de uma soma de dinheiro: mas um equivalente razoável pelo incômodo temporário que o proprietário possa sentir pela falta dele, e pelo risco de perdê-lo completamente, não é mais imoral em um caso do que no outro...

"*Em relação à venda de cavalos*, uma distinção capital deve ser feita entre um lucro moderado e um lucro exorbitante: ao primeiro damos o nome de comércio de cavalos, ao último a verdadeiramente odiosa designação de *jockey-ship*: o primeiro é necessário em todo estado civil, mesmo que seja apenas para excluir o último. Pois, como toda essa questão foi bem resumida por *Grotius*, se a compensação permitida por lei não exceder a proporção do incômodo que é para o vendedor do cavalo abrir mão dele, ou da necessidade do comprador por ele, sua concessão não é contrária à lei revelada nem à lei natural; mas se exceder esses limites, então é um *jockey-ship* opressivo; e embora as leis municipais possam dar-lhe impunidade, nunca poderão torná-lo justo.

"Vemos que a exorbitância ou moderação do *preço dado por um cavalo* depende de duas circunstâncias: do incômodo de abrir mão do cavalo que se possui e do risco de não conseguir encontrar outro igual. O incômodo dos vendedores individuais de cavalos nunca pode ser estimado pelas leis; o preço geral dos cavalos deve, portanto, depender do incômodo usual ou geral. Isso resulta inteiramente da quantidade de cavalos no reino: pois quanto mais cavalos correrem em uma nação, maior será a superfluidade além do necessário para conduzir o serviço dos correios e os negócios comuns da vida. Em cada nação ou comunidade pública, existe uma determinada quantidade de cavalos necessária, que uma pessoa bem versada em aritmética política pode talvez calcular tão precisamente quanto um comerciante de cavalos pode a demanda por cavalos de corrida em suas próprias cocheiras: todos os cavalos acima dessa quantidade necessária podem ser dispensados, emprestados ou vendidos sem muita inconveniência para os respectivos emprestadores ou vendedores; e quanto maior for a superfluidade nacional, mais numerosos serão os vendedores, e menor deverá ser o preço nacional da carne de cavalo; mas onde não há o suficiente, ou apenas o suficiente de cavalos sobressalentes para atender aos usos ordinários do público, a carne de cavalo será proporcionalmente cara: pois os vendedores serão poucos, já que poucos podem se submeter ao incômodo de vender." - Até aqui o erudito comentador.

Espero que, a essa altura, você esteja indignado o suficiente com a negligência e a inconsistência reveladas pela lei em não suprimir esse tipo de *jockey-ship*, o que seria tão fácil de fazer, apenas fixando o preço dos cavalos. Ninguém é menos propenso do que eu a ser incompassivo, mas quando penso nas 1500 libras cobradas por *Eclipse* e nas 2000 libras por *Rockingham*, e assim por diante, quem pode evitar o choque ao pensar em quão pouco respeito aqueles que receberam preços tão exorbitantes devem ter tido pela "lei da revelação e a lei da natureza"? Quem quer que deva apresentar a lei municipal, mencionada há pouco tempo, para reduzir a taxa de juros, quando essa proposta for feita, então seria a hora de um dos membros de Yorkshire se levantar e propor, por acréscimo, uma cláusula para fixar e reduzir o preço dos cavalos. Não preciso me alongar sobre a utilidade desse valioso tipo de gado, que poderia ter sido tão barato quanto jumentos até agora, se nossos legisladores tivessem sido tão vigilantes em seu dever na supressão do *jockey-ship*, como foram na supressão da usura.

Pode-se argumentar contra a fixação do preço da *"carne de cavalo"* que diferentes cavalos podem ter valores diferentes. Respondo - e acredito que você verá isso também quando eu tocar no assunto dos juizados - não mais diferentes do que os valores que o uso da mesma quantia de dinheiro pode ter para diferentes pessoas, em diferentes ocasiões.

FUNDAMENTOS DOS PRECONCEITOS CONTRA A USURA.

CARTA X

É uma coisa encontrar razões pelas quais uma lei deveria ter sido feita: é outra coisa encontrar as razões pelas quais foi feita. Em outras palavras, uma coisa é justificar uma lei, outra coisa é explicar sua existência. No caso presente, a primeira tarefa, se as observações com as quais tenho estado a incomodá-lo forem justas, é impossível. A segunda, embora não seja necessária para a convicção, pode contribuir um pouco talvez para a satisfação. Traçar um erro até sua fonte, diz Lord Coke, é refutá-lo; e muitas pessoas, não importa qual seja o erro, não conseguem se convencer até que tenham recebido essa satisfação.

Na concepção da parte mais considerável daqueles através dos quais nossa religião nos foi transmitida, a virtude, ou melhor, a piedade, que era um substituto aprimorado para a virtude, consistia em auto-renúncia: não em auto-renúncia em prol da sociedade, mas em auto-renúncia por si só. Uma regra bastante geral servia para a maioria das ocasiões: não fazer o que você queria fazer; ou, em outras palavras, não fazer o que seria para sua vantagem. Claro que isso se referia à vantagem temporal: à qual a vantagem espiritual era entendida como estando em constante oposição diametral. Pois a prova de uma resolução, por parte de um ser de poder e benevolência perfeitos, de tornar seus poucos favoritos felizes em um estado em que estariam, era o prazer determinado de que eles se mantivessem o mais estranhos possível à felicidade, no estado em que estavam. Agora, ganhar dinheiro é o que a maioria dos homens quer fazer: porque aquele que tem dinheiro consegue, na medida do possível, a maioria das outras coisas que deseja. Portanto, ninguém deveria ganhar dinheiro: aliás, por que deveria, quando nem mesmo deveria ficar com o que já tinha? Emprestar dinheiro com juros é ganhar dinheiro, ou pelo menos tentar ganhá-lo: é claro que era uma coisa ruim emprestar dinheiro sob essas condições. Quanto melhores as condições, piores eram para emprestar com elas: mas era ruim emprestar em qualquer condição em que algo pudesse ser ganho. O que tornava isso ainda pior era que era agir como um judeu: pois embora todos os cristãos a princípio fossem judeus e continuassem a fazer como os judeus, depois que se tornaram cristãos, com o tempo, descobriu-se que a distância entre a igreja mãe e a igreja filha não poderia ser muito grande.

Com o tempo, à medida que conceitos antigos deram lugar a novos, a natureza prevaleceu, de modo que as objeções a ganhar dinheiro em geral foram superadas: mas ainda assim, essa forma judaica de ganhá-lo era tão odiosa que não podia ser suportada. Os cristãos estavam muito interessados em atormentar os judeus para ouvir a sugestão de fazer como os judeus, mesmo que isso significasse ganhar dinheiro. De fato, o método mais fácil e muito utilizado era deixar os judeus conseguir o dinheiro de qualquer maneira e depois espremê-lo deles conforme necessário.

Com o tempo, à medida que todas as questões passaram a ser discutidas, e esta, não a menos interessante entre elas, o lado anti-judeu encontrou apoio oportuno em um trecho de

Aristóteles: aquele célebre pagão que, em todos os assuntos em que o paganismo não destruísse sua competência, havia estabelecido um império despótico sobre o mundo cristão. Por acaso, aquele grande filósofo, com todo o seu trabalho e toda sua perspicácia, apesar da grande quantidade de moedas que passaram por suas mãos (mais talvez do que já passaram pelas mãos de um filósofo antes ou desde então), e apesar dos cuidados incomuns que havia dispensado ao assunto da geração, nunca conseguiu descobrir em nenhuma moeda nenhum órgão para gerar qualquer outra moeda do mesmo tipo. Encorajado por uma prova negativa tão forte, ele finalmente se atreveu a apresentar ao mundo o resultado de suas observações, na forma de uma proposição universal de que todo o dinheiro é estéril. Você, meu amigo, cuja mente está mais inclinada à razão sólida do que à filosofia antiga, você, eu me atrevo a dizer, já me antecipou ao notar que a inferência prática dessa observação perspicaz, se ela oferecesse alguma, deveria ter sido que seria inútil para um homem tentar obter cinco por cento de dinheiro, não que se ele conseguisse conseguir tanto, isso seria prejudicial.

Mas os sábios daqueles dias não viam a questão por esse ângulo.

Uma consideração que não ocorreu a esse grande filósofo, mas que, se tivesse ocorrido, não teria sido inteiramente indigna de sua atenção, é que, embora um dárico (moeda de ouro) não pudesse gerar outro dárico, assim como não geraria um carneiro ou uma ovelha, por exemplo, para o dárico que um homem emprestasse, ele poderia conseguir um carneiro e um casal de ovelhas, e que as ovelhas, se o carneiro ficasse com elas por certo tempo, provavelmente não seriam estéreis. Então, no final do ano, ele se encontraria dono de suas três ovelhas, juntamente com dois, se não três, cordeiros; e que, se vendesse suas ovelhas novamente para devolver seu dárico e desse um de seus cordeiros para seu uso no intervalo, ele teria dois cordeiros, ou pelo menos um cordeiro, mais rico do que se não tivesse feito tal acordo.

Esses conceitos teológicos e filosóficos, filhos da época, não foram mal secundados por princípios de uma complexão mais permanente.

O negócio de um agiota, embora apenas entre cristãos e em tempos cristãos, nunca foi popular em nenhum lugar ou época. Aqueles que têm a resolução de sacrificar o presente pelo futuro são alvos naturais de inveja para aqueles que sacrificaram o futuro pelo presente. As crianças que comeram seu bolo são inimigas naturais das crianças que têm o seu. Enquanto o dinheiro é esperado e por um curto período após ser recebido, aquele que empresta é um amigo e benfeitor; mas quando o dinheiro é gasto e chega a hora da prestação de contas, o benfeitor é visto como um tirano e opressor. É uma opressão para um homem reaver seu próprio dinheiro, mas não é opressão mantê-lo longe dele. Entre os inconsiderados, que são a grande massa da humanidade, as afeições egoístas se aliam às sociais para acumular todo favor para o homem dissipador e recusar justiça ao homem poupador que o supriu. De alguma forma, esse favor acompanha o objeto escolhido, através de cada estágio de sua carreira. Mas, em nenhum estágio de sua carreira, o homem poupador consegue alguma parte desse favor. É do interesse geral daqueles com quem um homem vive que suas despesas sejam pelo menos tão grandes quanto suas circunstâncias permitirem, porque há poucas despesas em que um homem possa se lançar que não beneficiem, de alguma forma, aqueles com quem ele vive. Dessa mentalidade surge uma lei que proíbe a cada homem, sob pena de infâmia, de limitar suas despesas ao que é julgado a medida de seus meios, salvando sempre o poder de exceder esse limite, tanto quanto achar conveniente: e os meios atribuídos a ele por essa lei podem ser muito maiores do que seus meios reais, mas certamente nunca serão menores. Tão estreita é a combinação assim formada entre a ideia de mérito e a ideia de despesa, que uma disposição para gastar encontra favor mesmo aos olhos daqueles que sabem que as circunstâncias de um homem não o capacitam a tanto, e um recém-chegado, cuja principal recomendação é essa disposição, pode encontrar-se com um fundo permanente de respeito, em prejuízo das próprias pessoas em cuja despesa ele tem satisfeito seus apetites e seu orgulho. O brilho que a demonstração de riqueza emprestada difundiu sobre seu caráter amedronta os homens, durante a temporada de sua prosperidade, a se submeterem a sua insolência; e quando a mão da adversidade finalmente o alcança, a lembrança da altura de onde ele caiu lança o véu da compaixão sobre sua injustiça.

A condição do homem poupador é o oposto. Sua riqueza duradoura lhe garante uma parcela, pelo menos, da mesma inveja que acompanha a exibição transitória do pródigo; mas o uso que ele faz disso não lhe garante nenhuma parte do favor que acompanha o pródigo. Nas satisfações que ele obtém desse uso, o prazer da posse e a ideia de desfrutar em algum período distante, que pode nunca chegar, ninguém participa. Em meio à sua opulência, ele é considerado como uma espécie de insolvente, que se recusa a honrar as dívidas que sua avidez imporia sobre ele, e que é tanto mais criminoso do que outros insolventes, por não ter a desculpa de incapacidade.

Se pudesse haver alguma dúvida da desvantagem que acompanha o agiota em sua competição com o mutuário e da disposição do julgamento público de sacrificar o interesse do primeiro ao do último, o palco proporcionaria uma prova resumida, mas bastante conclusiva disso. É função do dramaturgo estudar e se conformar aos humores e paixões daqueles agradáveis aos quais ele depende para o seu sucesso; é o caminho que a reflexão deve sugerir a todo homem, e que um homem naturalmente adotaria, mesmo que não pensasse nisso. Ele pode, e muito frequentemente o faz, fazer pretensões magníficas de dar a lei a eles: mas ai daquele que tenta dar-lhes qualquer outra lei além do que já estão dispostos a aceitar. Se ele tentar liderá-los um centímetro, deve fazê-lo com muito cuidado e não sem se deixar levar por eles, pelo menos uma dúzia de vezes. Agora, questiono se, entre todas as instâncias em que um mutuário e um credor de dinheiro foram trazidos ao palco, desde os dias de Téspis até o presente, alguma vez houve uma em que o primeiro não tenha sido recomendado ao favor de alguma forma ou de outra, seja à admiração, ao amor, à compaixão ou a todas as três; e o outro, o homem poupador, relegado à infâmia.

Daí a razão pela qual, ao revisar e ajustar os interesses dessas aparentemente partes rivais, a vantagem obtida pelo mutuário é tão propensa a desaparecer de vista e aquela obtida pelo credor a parecer tão exagerada. Daí a razão pela qual, embora o preconceito seja amenizado o suficiente para concordar que o credor faça alguma vantagem, para que o mutuário não perca completamente o benefício de sua assistência, ainda assim o mutuário deve ter todo o favor, e a vantagem do credor deve ser para sempre reduzida e cortada, tanto quanto possível. Primeiro foi confinada a dez por cento, depois a oito, depois a seis, depois a cinco, e agora recentemente houve um boato de que seria reduzida a quatro; com liberdade constante para cair tanto mais baixo quanto possível. O ônus dessas restrições, é claro, foi destinado exclusivamente ao credor: na realidade, como acredito que você tenha visto, ele pressiona muito mais fortemente o mutuário, ou aquele que se torna ou deseja se tornar tal. Mas os presentes dirigidos pelo preconceito, como nos dirá o Dr. Smith, nem sempre são entregues de acordo com seu destino. Foi assim que a pedra de moinho projetada para o pescoço daqueles vermes, como foram chamados, os comerciantes de grãos, acabou caindo sobre as cabeças dos consumidores. É assim, mas mais exemplos me levariam para mais longe do propósito.

JUROS COMPOSTOS

CARTA XI

Um ou dois pontos que devo abordar são relacionados aos juros compostos; pois os juros compostos são desencorajados pela lei. Suponho que seja considerado uma forma de usura. Eu me lembro bem que, sem uma estipulação expressa, a lei nunca o permite; se, em caso de uma estipulação expressa, a lei permite que ele seja cobrado, não tenho certeza absoluta. Eu suponho que sim: lembrando de cláusulas em hipotecas onde os juros se tornam parte do principal. Em qualquer caso, acredito que a lei não pode puni-lo sob o nome de usura.

Se o desencorajamento a esse arranjo estiver fundamentado no horror do pecado da usura, a impropriedade desse desencorajamento segue, é claro, a partir dos argumentos que mostram a "não pecaminosidade desse pecado".

Nunca foi tentado nenhum outro argumento contra isso, a menos que fosse dar a esse arranjo o epíteto de injusto: ao fazê-lo, é dado algo mais próximo a uma razão do que geralmente se encontra no direito comum.

Se essa consistência encontrada no direito comum, que nunca foi encontrada na conduta humana e talvez não esteja na natureza humana, pudesse ser encontrada, os juros compostos nunca teriam sido negados.

As visões que sugeriram essa negação, tenho certeza de que eram muito boas; os efeitos dela, tenho certeza, são muito prejudiciais.

Se o mutuário paga os juros no dia, se ele cumpre sua obrigação, à qual a lei pretende obrigá-lo a cumprir, o credor, que recebe esses juros, automaticamente obtém juros compostos, emprestando-o novamente, a menos que ele prefira gastá-lo: ele espera recebê-lo no dia, ou o que significa o acordo? Se ele não recebe, ele é prejudicado. O mutuário, ao pagá-lo no dia, não perde nada: se ele não o pagar no dia, ele ganha algo; uma dor de decepção ocorre no caso de um, enquanto tal dor não ocorre no caso do outro. A causa daquele cuja luta é obter ganho é assim preferida à daquele cuja luta é evitar uma perda, contrariamente ao princípio razoável e útil daquela parte do direito comum que adquiriu o nome de equidade. O ganho, que a lei em sua compaixão assim concede ao inadimplente, é um incentivo, uma recompensa que ela oferece pela quebra de fé, pela iniquidade, pela indolência, pela negligência.

A perda, que ela lança assim sobre o prestamista tolerante, é uma punição que ela lhe inflige por sua tolerância; o poder que lhe dá de evitar essa perda, processando o mutuário no momento da falha, é assim convertido em uma recompensa que ela oferece por sua dureza e rigor. O homem não é tão bom como se desejaria que fosse; mas ele seria muito ruim, se fosse ruim em todas as ocasiões em que a lei, na medida em que depende dela, fez de seu interesse ser assim.

Você pode dizer que é impossível, frequentemente é impossível, para o mutuário pagar os juros no dia, e você está certo. Qual é a inferência? Que o credor não deveria ter o poder de arruinar o devedor por não pagar no dia, e que ele deveria receber uma compensação pela perda causada por essa falha. Ele tem o poder de arruiná-lo, mas não tem o poder de obter essa compensação. O juiz, se fosse possível para um devedor preso encontrar o caminho para o gabinete de um juiz em vez de uma casa de penhores, poderia conceder um prazo adequado, adequado às circunstâncias das partes. Não é possível, mas um prazo é obtido, adequado ou não, talvez a dez vezes, talvez a cem vezes o custo dos juros compostos, ao fornecer uma fiança e lutar contra o credor em todos os desvios de um atraso malicioso e desnecessário. Nenhuma parte da satisfação devida, seja pela falha original ou pela vexação subsequente que a agravou, é recebida pelo credor prejudicado; mas os instrumentos da lei recebem, talvez às suas custas, talvez às custas do devedor, talvez dez vezes, talvez cem vezes o valor dessa satisfação. Esse é o resultado dessa compaixão da lei.

É em consequência de tal compaixão que, em tantas ocasiões, um homem, mesmo que seja capaz, se encontraria perdendo ao pagar suas dívidas justas: aquelas dívidas que a lei reconheceu como justas. O homem que obedece aos ditames da honestidade comum, o homem que faz o que a lei pretende que ele faça, está se prejudicando. Daí seus recursos regulares e seguros de recurso em erro na câmara dos lordes: daí seus custos aleatórios e vingativos de cem libras, e duzentas libras, ocasionalmente concedidos naquela casa. É natural e é algo encontrar, em um grupo de lordes, um zelo pela justiça; não é natural encontrar, nesse grupo, uma disposição para se curvar ao trabalho do cálculo.

MANUTENÇÃO E CHAMPERTISMO.

CARTA XII

Tendo, nas cartas anteriores, tido ocasião de estabelecer e, como me envaideço, de comprovar, o princípio geral de que nenhum homem adulto e de mente sã deve, por pura bondade, ser impedido de fazer um acordo, visando obter dinheiro, que, agindo com os olhos abertos, ele considere vantajoso para seus interesses, peço permissão para levá-lo um pouco mais adiante e estender sua aplicação a outra classe de regulamentos ainda menos defensáveis. Refiro-me às antigas leis contra o que é chamado de Manutenção e Champertismo [trad.: prática de compra de um possível resultado financeiro em um processo judicial, ajudando com os custos ou antecipando o resultado do mesmo à uma taxa de desconto].

Quanto à Manutenção, creio que você se refere, além de outras ofensas que não têm relevância para o momento, àquela que consiste em adquirir, em qualquer termo, qualquer reivindicação que exija um processo judicial ou em equidade para ser aplicada.

O Champertismo, que é apenas uma modificação particular deste pecado de Manutenção, consiste em fornecer a um homem que possui tal reivindicação em relação a um imóvel real, dinheiro de que ele possa precisar para prosseguir com tal reivindicação, sob a condição de receber uma parte do imóvel em caso de sucesso.

Não me lembro das penalidades por esses delitos, e não acho que valha a pena procurá-las, embora tenha Blackstone ao meu alcance. Elas são, em qualquer caso, suficientemente severas para cumprir o propósito, sobretudo porque o contrato é considerado nulo.

Para ilustrar a maleficência das leis que criaram esses delitos, permita-me contar-lhe uma história, que é verdadeira demais e que aconteceu sob minha própria observação.

Um cavalheiro conhecido meu sucedeu, durante sua menoridade, a uma propriedade de cerca de 3.000 libras por ano; não direi onde. Seu tutor, ocultando dele o valor da propriedade, o que as circunstâncias tornavam fácil de fazer, obteve dela, durante sua menoridade, por uma ninharia. Logo após o tutelado alcançar a maioridade, o tutor, mantendo-o na ignorância, encontrou meios de confirmar o acordo. Alguns anos depois, o tutelado descobriu o valor da herança que estava desperdiçando. Representações privadas, como pode-se imaginar, provaram ser ineficazes, então ele recorreu a um tribunal de equidade. O processo estava bem adiantado, a opinião dos mais habilidosos conselheiros era altamente encorajadora, mas não havia mais dinheiro. Todos nós sabemos muito bem que, apesar da integridade inatacável dos juízes, essa parte da justiça, que é especialmente designada com o nome de equidade, é apenas para aqueles que podem se dar ao luxo de abrir mão de uma fortuna na esperança de recuperar outra. Dois indivíduos, no entanto, foram encontrados dispostos a custear o bilhete desta loteria, sob a condição de receberem metade do prêmio. A perspectiva agora se tornou animadora: quando, infelizmente, um dos aventureiros, explorando os abismos do poço sem fundo, acabou por desenterrar uma das antigas leis contra o *Champertismo*. Isso frustrou todo o projeto; no entanto, o réu, sabendo que, de alguma forma, seu adversário havia encontrado apoio, achou conveniente, durante esse período, propor termos que o autor do processo, após seu apoio ter caído, ficou muito feliz em aceitar. Ele recebeu, creio eu, 3000 libras, e por isso desistiu da propriedade, que valia cerca do mesmo valor anualmente, juntamente com os atrasados, que valiam tanto quanto a propriedade.

Se, na época bárbara que deu origem a essas precauções bárbaras, se, mesmo sob o auge da anarquia feudal, essas regulamentações opressoras pudessem ter alguma razão ao seu lado, é uma questão de curiosidade mais do que de utilidade. Minha opinião é que nunca houve uma época, que nunca poderia ter havido ou poderia haver um momento, em que afastar os litigantes do tribunal com uma mão, enquanto eles são acenados para entrarem com a outra, não seria uma política igualmente infiel, inconsistente e absurda. Mas o que todos devem reconhecer é que, em relação às épocas que provocaram essas leis e nas quais elas poderiam ter surgido, a atualidade é tão oposta quanto a luz é à escuridão. Um mal, que naquela época, ao que parece, era muito comum, embora um mal que essas leis não puderam curar, era que um homem compraria uma reivindicação fraca, esperando que o poder a convertesse em uma forte e que a espada de um barão, entrando no tribunal com uma multidão de seguidores a seus calcanhares, amedrontasse um juiz no banco. Atualmente, que juiz inglês se importa com as espadas de uma centena de barões? Sem temer ou esperar, odiar ou amar, o juiz de nossos dias está pronto, com igual fleuma, para administrar, em todas as ocasiões, aquele sistema, seja ele qual for, de justiça ou injustiça, que a lei colocou em suas mãos. Uma disposição tão consonante ao dever não poderia então ter sido esperada: uma mais consonante dificilmente poderia ser desejada. A riqueza, de fato, tem o monopólio da justiça contra a pobreza: e tal monopólio é o efeito direto e necessário de regulamentações como essas, para fortalecê-lo e confirmá-lo. Mas nenhum juiz que viva hoje é responsável por esse monopólio. A lei criou esse monopólio: a lei, quando lhe convier, pode dissolvê-lo.

Entretanto, não me afastarei tanto do meu assunto ao ponto de questionar que medida teria sido necessária para oferecer uma total alívio ao caso desse infeliz cavalheiro, assim como aos casos de tantos outros cavalheiros que poderiam ser encontrados, tão infelizes quanto ele. Não insistirei em um arranjo tão estranho e inconcebível, como o de o juiz ver ambas as partes cara a cara em primeiro lugar, observar quais são os fatos em disputa e declarar que, à medida que os fatos se mostrarem de um jeito ou de outro, tal ou qual será seu decreto. Atualmente, me limito a remover parte do mal que pode surgir da concepção geral de manter os homens fora das dificuldades, impedindo-os de meios de alívio que cada situação de cada homem possa proporcionar. Uma esponja, tanto neste como em tantos outros casos, é o único remédio necessário e eficaz: uma para as mofadas leis contra manutenção e *champertismo*, outra para as mais recentes contra usura. Considere, por exemplo, qual teria sido respectivamente o efeito de duas tais medidas no caso do infeliz cavalheiro sobre o qual estive falando. Pela primeira, se o que é chamado de equidade tem alguma reivindicação de confiança, ele teria obtido, mesmo após pagar seus investidores de *champertismo*, 1500 libras por ano em terras e aproximadamente a mesma quantia em dinheiro, ao invés de obter, e isso apenas por acaso, 3000 libras em dinheiro, uma única vez. Quanto à outra, não há limite para o grau em que ele poderia ter sido beneficiado. Posso ser permitido esticar tanto em favor da lei a ponto de supor que uma soma tão pequena quanto 500 libras teria sido suficiente para levar adiante seu processo, em cerca de três anos? Tenho consciência de que isso pode ser considerado uma quantia pequena e esse um prazo curto para um processo em equidade: mas, para fins de ilustração, pode servir tão bem quanto um prazo mais longo. Suponha que ele procurasse essa quantia necessária através de um empréstimo e fosse tão afortunado, ou, como as leis contra o pecado da usura o chamariam, tão infeliz, a ponto de obtê-la a 200 por cento. Então, ele teria comprado sua renda anual de

6000 libras pelo preço da metade de tanto uma vez paga, ou seja, 3000 libras, em vez de vendê-la por esse preço. Se, mesmo se nenhuma lei contra a usura estivesse em vigor, ele poderia ter obtido o dinheiro, mesmo a essa taxa, não pretendo dizer. Talvez ele não o obtivesse por menos de dez vezes essa taxa, talvez o obtivesse pela décima parte dessa taxa. Até agora, acho que podemos dizer que ele poderia, e provavelmente, teria sido beneficiado pela revogação dessas leis: mas até agora devemos dizer que é impossível que ele pudesse ter sido prejudicado. Os termos em que ele encontrou aventureiros dispostos a ajudá-lo, embora não se encaixem naquele campo limitado que a lei, em sua estreiteza de visão, chama de usura, no presente caso, em vinte anos, à compra de 3000 libras por ano que ele estava disposto a sacrificar por essa assistência, equivalem, na verdade, a 4000 por cento. Se era provável que qualquer homem, que estivesse disposto a arriscar seu dinheiro, de qualquer forma, nessa chance, tivesse pensado em exigir tal taxa de juros, deixo você imaginar; mas isso pode ser afirmado com confiança, porque o fato o demonstra, que a essa taxa a soma teria sido fornecida. O que acontece então com as leis contra a manutenção e o champertismo é, talvez, uma pergunta interessante, embora não essencial. A referida história, quando aplicada às leis contra a usura, deve ser suficiente para nos convencer de que, enquanto o custo de buscar alívio na justiça permanecer no estado atual, o propósito de procurar esse alívio, por si só, independentemente de qualquer outro, fornecerá um motivo suficiente para permitir a qualquer homem, ou a todos os homens, que tomem empréstimos em quaisquer condições em que possam obtê-los.

Crichoff, na Rússia Branca,

Março de 1787.

AO DR. SMITH, SOBRE PROJETOS EM ARTES, ETC.

CARTA XIII

S ENHOR,

Eu esqueci qual foi a controvérsia entre os gregos, onde um filho, após estudar com um professor eminente para aprender o que, naquela época, era chamado de sabedoria, escolheu atacar seu mestre como primeira demonstração pública de seu progresso. Essa demonstração, seja qual for o entretenimento que possa ter proporcionado ao público, certamente não deve ter agradado ao mestre, pois a tese era que o discípulo não lhe devia nada por seus esforços. No meu caso, prestes a me mostrar tão ingrato quanto o grego, pode ser prudente procurar algo como a sinceridade para encobrir minha ingratidão: em vez disso, em vez de pretender não te dever nada, começo por reconhecer que, até onde sua trilha coincide com a minha, eu estaria muito mais próximo da verdade se dissesse que lhe devo tudo. Se eu tiver a sorte de obter alguma vantagem sobre você, só será com as armas que você me ensinou a usar e com as quais você mesmo me forneceu: pois, como todos os grandes padrões de verdade, que podem ser invocados nesta área, devem, pelo que entendo, sua fundação a você, posso ver pouca outra maneira de convencê-lo de qualquer erro ou descuido, senão julgando-o pelas suas próprias palavras.

Na série de cartas das quais esta será uma sequência, eu havia chegado quase até aqui em minhas pesquisas sobre a política das leis que fixam a taxa de juros, refutando argumentos que a imaginação, mais do que a observação, havia me sugerido, quando, de repente, a lembrança me apresentou sua formidável imagem, estendendo-se sobre o terreno em que eu estava viajando bastante à vontade e opondo o escudo de sua autoridade a quaisquer argumentos que eu pudesse produzir.

Foi uma reflexão mencionada por Cícero como lhe proporcionando algum conforto que o emprego que seus talentos encontraram até aquele momento tinha sido principalmente no lado da defesa. Por mais que, em qualquer ocasião, tenha sido abençoado com alguma porção de sua eloquência, talvez eu possa, na presente ocasião, no entanto, me permitir uma porção do que constituía seu conforto: pois, se presumo competir com você, é apenas em defesa do que considero como uma raça de homens não apenas inocente, mas meritória, que tem a infelicidade de cair sob a sua desaprovação. Refiro-me aos projetistas: sob esse nome invejoso, entendo que você compreende, em particular, todas as pessoas que, em busca de riqueza, se lançam em um novo canal e, especialmente, em um canal de invenção.

É com a intenção declarada de frear, ou melhor, esmagar, esses espíritos aventureiros, que você os classifica como "prodigais" e aprova as leis que limitam a taxa de juros, fundamentando-se na tendência, que lhe parece, de manter o capital do país fora das mãos de dois conjuntos tão diferentes.

A passagem à qual me refiro está no quarto capítulo de seu segundo livro, volume o segundo da edição de 1784. "A taxa legal" (você diz) "é preciso observar, embora deva ser um pouco acima, não deve ser muito acima da taxa de mercado mais baixa. Se a taxa de juros legal na Grã-Bretanha, por exemplo, fosse fixada tão alta como oito ou dez por cento, a maior parte do dinheiro a ser emprestado seria emprestada a prodigais e projetistas, que seriam os únicos dispostos a pagar esse alto juro. Pessoas sóbrias, que estão dispostas a pagar pelo uso do dinheiro apenas uma parte do que provavelmente ganharão com seu uso, não se arriscariam na competição. Uma grande parte do capital do país seria assim mantida fora das mãos que estavam mais propensas a fazer um uso lucrativo e vantajoso dele e seria lançada nas mãos daqueles que estavam mais propensos a desperdiçá-lo e destruí-lo. Por outro lado, onde o juro legal é fixado apenas um pouco acima da taxa de mercado mais baixa, as pessoas sóbrias são universalmente preferidas como mutuários aos prodigais e projetistas. A pessoa que empresta dinheiro obtém quase tanto juro dos primeiros quanto se atreve a cobrar dos últimos, e seu dinheiro está muito mais seguro nas mãos do primeiro grupo de pessoas do que nas mãos do segundo. Uma grande parte do capital do país é assim lançada nas mãos em que é mais provável que seja empregada com vantagem."

Felizmente para o lado que você parece ter adotado e infelizmente para o meu, o apelativo que o costume da língua lhe autorizou e que a pobreza e a perversidade da língua de certa forma o forçaram a usar é um que, juntamente com a ideia do tipo de pessoas em questão, transmite a ideia de reprovação, aplicada indiscriminada e merecidamente a eles. Com que justiça ou consistência, ou sob a influência de quais causas, esse selo de repreensão indiscriminada foi assim atribuído, não é necessário investigar imediatamente. Mas, que ele esteja de fato atribuído dessa forma, você e qualquer outra pessoa, imagino, estará pronto o suficiente para admitir. Sendo assim, a questão já está decidida, pelo menos em primeira instância, se não de forma irrevogável, nos julgamentos de todos aqueles que, incapazes ou relutantes em tomar o trabalho de analisar suas ideias, permitem que suas mentes sejam levadas cativas pela tirania dos sons; ou seja, duvido que a maioria daqueles que provavelmente terão que nos julgar. Na concepção de todas essas pessoas, perguntar se é adequado restringir projetos e projetistas será o mesmo que perguntar se é adequado restringir imprudência, tolice, absurdo, trapaça e desperdício.

Quanto aos pródigos, não direi mais nada no momento. Já expus meus motivos para pensar que não é entre eles que devemos procurar os clientes naturais para empréstimos a taxas elevadas de juros. Na medida em que esses motivos são conclusivos, seguirá que, das duas categorias de homens que você menciona como objetos adequados das restrições, pródigos e projetistas, esse fardo recai exclusivamente sobre os últimos. Quanto a estes, qual é a sua definição de projetistas e que descrições de pessoas você pretendia incluir sob a censura transmitida por esse nome, poderia ser relevante para avaliar a propriedade dessa censura, mas não faz diferença ao julgar a propriedade da lei que essa censura é empregada para justificar. Se você mesmo, ao analisar as várias classes de pessoas, estivesse disposto a escolher essa ou aquela classe, ou esse e aquele indivíduo, a fim de isentá-los dessa censura, é algo que não precisamos investigar para esse propósito. A lei, certamente, não faz tais distinções: ela cai com igual peso, e com todo o seu peso, sobre todas essas pessoas, sem distinção, a quem o termo projetistas, na mais imparcial e abrangente acepção possível, pode ser aplicado. Ela incide, de qualquer maneira (para repetir algumas das palavras da minha definição anterior), sobre todas aquelas pessoas que, na busca da riqueza, ou mesmo de qualquer outro objetivo, procuram, com a ajuda da riqueza, seguir por algum novo caminho de invenção. Ela incide sobre todas aquelas pessoas que, na prática de qualquer uma dessas artes que foram, em destaque, denominadas úteis, direcionam seus esforços para qualquer um dos departamentos em que sua utilidade brilha de forma mais evidente e indubitável; sobre todas aquelas pessoas que, no curso de qualquer de suas atividades, visam a qualquer coisa que possa ser chamada de melhoria, seja na produção de algum novo artigo adequado ao uso do homem, seja na melhoria da qualidade ou redução do custo de algum dos que já nos são conhecidos. Ela incide, em suma, sobre toda aplicação das faculdades humanas, em que a engenhosidade depende da riqueza para ser assistida.

Taxas elevadas e extraordinárias de juros, por mais inadequadas que sejam para a situação do pródigo, certamente, como você muito justamente observa, são especialmente adequadas à situação do projetista: mas não apenas do projetista imprudente, nem mesmo mais do que de outros, mas do projetista prudente e bem fundamentado, se a existência de tal ser fosse ser suposta. Seja qual for a prudência ou outras qualidades do projeto, seja qual for a circunstância em que esteja sua novidade, ele tem essa circunstância contra si, ou seja, que é novo. No entanto, as taxas de juros, as mais altas taxas permitidas, são, como você mesmo diz, e como você as quer, ajustadas à situação em que está o tipo de negociante cujo comércio corre nos canais antigos, e à melhor garantia que esses canais podem oferecer. Mas, na natureza das coisas, nenhum comércio novo, nenhum comércio realizado em qualquer canal novo, pode oferecer uma segurança igual à que pode ser oferecida por um comércio realizado em qualquer um dos antigos: sob qualquer ponto de vista que a questão possa parecer a uma inteligência perfeita, aos olhos de cada pessoa prudente, exercendo os melhores poderes de julgamento que a condição falível das faculdades humanas permite, a novidade de qualquer empreendimento comercial se opõe a uma chance de insucesso, superada por todas as que poderiam acompanhar o mesmo, ou qualquer outro, empreendimento, já testado e provado como lucrativo pela experiência.

A limitação do lucro que se pode obter emprestando dinheiro a pessoas envolvidas no comércio tornará o homem endinheirado mais ansioso, você pode dizer, sobre a qualidade de sua garantia e, portanto, mais ansioso em se certificar sobre a prudência de um projeto no qual o dinheiro será empregado, do que ele estaria de outra forma: e assim pode-se pensar que essas leis têm a tendência de selecionar os bons projetos dos maus e favorecer os primeiros em detrimento dos últimos. A primeira dessas posições eu admito: mas nunca posso admitir que a consequência siga-se. Um homem prudente (eu não quero dizer mais do que um homem de prudência ordinária), um homem prudente agindo sob o governo exclusivo de motivos prudenciais, eu ainda digo que não escolherá os bons projetos dos maus nessas circunstâncias, pois ele não se envolverá com projetos de forma alguma. Ele escolherá comércios estabelecidos há muito tempo em detrimento de todos os tipos de projetos, bons e maus; pois, com um novo projeto, por mais promissor que seja, ele nunca terá nada a ver. Para todo homem que tem dinheiro, cinco por cento ou qualquer que seja a taxa legal máxima, está disponível a qualquer momento, e sempre estará, em sua melhor segurança, aquela que o melhor e mais próspero comércio estabelecido pode oferecer. Comerciantes em geral, acredito, são suficientemente inclinados a aumentar seu capital, tanto quanto todo o dinheiro que podem tomar emprestado à taxa legal máxima, enquanto essa taxa é de 5 por cento. Como, portanto, é possível para um projeto, por mais promissor que seja, oferecer a um mutuante, em qualquer taxa de juros, termos igualmente vantajosos, em geral, com aqueles que ele poderia ter certeza de obter de um negócio estabelecido há muito tempo, é mais do que posso conceber. Empréstimos de dinheiro certamente podem acontecer, de vez em quando, para chegar aos bolsos de projetistas, bem como de outros homens: mas quando isso acontece, deve ser através da imprudência, da amizade ou da expectativa de algum benefício colateral, e não através de qualquer ideia da vantagem da transação, na qualidade de barganha pecuniária.

Não esperaria que fosse alegado que há algo que torne o número de projetos bem fundamentados, em comparação com os mal fundamentados, menor no futuro do que foi no passado. Tenho certeza, pelo menos, de que não conheço razões para que assim seja, embora saiba de algumas razões, que me permitirei apresentar a você em breve, que me parecem bastante boas para justificar que a vantagem esteja do lado do futuro. Mas, a menos que o estoque de projetos bem fundamentados já esteja esgotado, e que todo o estoque de projetos mal fundamentados que já foram possíveis deva ser procurado exclusivamente no futuro, a censura que você fez aos projetistas, medindo ainda a sua extensão pela da atuação das leis em defesa das quais ela é empregada, olha tanto para trás quanto para a frente: condena como imprudentes e mal fundamentados todos esses projetos: pelos quais nossa espécie foi sucessivamente avançando desde o estado em que as bolotas eram seu alimento, e peles cruas sua vestimenta, até o estado em que se encontra atualmente: pois pense, senhor, permita-me perguntar, se o que é agora a rotina do comércio não era, em seu início, um projeto? se o que é agora estabelecido, não era, em algum momento, uma inovação?

Como a tribo de projetos bem fundamentados e de projetistas prudentes (se agora posso ter sua permissão para aplicar esse epíteto a pelo menos alguns dos projetistas do passado) conseguiu superar os obstáculos que as leis em questão têm colocado em seu caminho, não é fácil de saber, nem necessário de investigar. Creio que já é suficientemente manifesto que, por muito tempo que tenham existido, essas leis devem ter representado obstáculos consideráveis para os projetos de todos os tipos, de melhoria (se posso dizer assim) em todas as áreas. Portanto, é razoável concluir que, se não fossem por esses desencorajamentos, projetos de todos os tipos, bem fundamentados e bem-sucedidos, assim como outros, teriam sido mais numerosos do que foram: e, portanto, por outro lado, assim que, se esses desencorajamentos forem removidos, projetos de todos os tipos, incluindo os bem fundamentados e bem-sucedidos, serão mais numerosos do que teriam sido de outra forma: em suma, que, sem esses desencorajamentos, o progresso da humanidade na carreira da prosperidade teria sido maior do que foi sob eles no passado, e, assim, se fossem removidos, seria pelo menos proporcionalmente maior no futuro.

Que não lhe fiz nenhuma injustiça ao atribuir a sua ideia de projetistas uma latitude tão grande, e que a opinião desfavorável que você afirmou ter sobre eles não se limita à passagem acima, pode-se tornar aparente, creio eu, se for relevante, por outra passagem no décimo capítulo do seu primeiro livro. "O estabelecimento de qualquer nova manufatura, de qualquer novo ramo de comércio ou de qualquer nova prática na agricultura", tudo isso você compreende pelo nome de "projetos": de todos eles você observa que "é uma especulação da qual o projetista promete lucros extraordinários. Esses lucros (você acrescenta) às vezes são muito grandes e, às vezes, talvez mais frequentemente, são completamente diferentes: mas, em geral, eles não têm proporção regular com os de outros comércios antigos na vizinhança. Se o projeto for bem-sucedido, eles são geralmente muito altos no início. Quando o comércio ou a prática se torna completamente estabelecido e bem conhecido, a concorrência os reduz ao nível de outros comércios." Mas, sobre esse assunto, eu me abstenho de insistir: nem teria tomado a liberdade de lhe devolver suas próprias palavras, exceto na esperança de ver alguma alteração nelas em sua próxima edição, se eu tiver a sorte de encontrar minhas opiniões confirmadas pelas suas. Em outros aspectos, o que é essencial para o público é o erro nas opiniões mantidas, e não quem as mantém.

Não sei se as observações com as quais o tenho incomodado precisam ou receberiam qualquer apoio adicional dessas posições reconfortantes, das quais você fez tão bom e tão frequente uso, a respeito da constante tendência da humanidade a progredir na carreira da prosperidade, a prevalência da prudência sobre a imprudência, na soma da conduta privada, pelo menos, e a superior adequação dos indivíduos para gerenciar seus próprios assuntos pecuniários, dos quais eles conhecem os detalhes e as circunstâncias, em comparação com o legislador, que não pode ter tal conhecimento. Vou fazer a experiência: pois, enquanto tenho a mortificação de vê-lo no lado oposto, nunca penso que o terreno que tomei seja suficientemente forte, enquanto houver algo que pareça ser capaz de torná-lo ainda mais forte.

"Quanto a má conduta, o número de empreendimentos prudentes e bem-sucedidos" (você observa) "é muito maior em todos os lugares do que o de empreendimentos imprudentes e malsucedidos. Apesar de todas as nossas reclamações sobre a frequência de falências, os homens infelizes que caem nesta desgraça representam apenas uma parte muito pequena do número total de envolvidos em comércio e todos os outros tipos de negócio; talvez não muito mais que um em mil."

É em apoio a esta posição que você apela à história pelo constante e ininterrupto progresso da humanidade, em nossa ilha pelo menos, na carreira da prosperidade: chamando qualquer um que tenha dúvidas sobre o fato a dividir a história em qualquer número de períodos, desde a visita de César até os dias atuais: propondo, por exemplo, as respectivas eras da Restauração, a Ascensão de Elizabeth, a de Henrique VII, a Conquista Normanda e a Heptarquia, e desafiando o cético a encontrar, se puder, entre todos esses períodos, qualquer um em que a condição do país não fosse mais próspera do que no período imediatamente anterior; apesar de tantas guerras, incêndios, pragas e todas as outras calamidades públicas com as quais ele foi afligido em diferentes épocas, quer pela mão de Deus, quer pela má conduta do soberano. Não é uma tarefa muito fácil, acredito eu: o fato é muito evidente para que o olho mais preconceituoso escape de vê-lo. Mas a quem e a que devemos agradecer por isso, senão aos projetos e projetistas?

"Não", eu acho que ouço você dizer, "eu não agradecerei aos projetistas por isso, antes agradecerei às leis, que ao fixar as taxas de juros têm exercido sua vigilância em reprimir a temeridade dos projetistas e impedir que sua imprudência cause aquelas defalcações da soma de prosperidade nacional que certamente ocorreriam se lhes fosse permitido agir livremente. Se, durante todos esses períodos, aquela raça aventureira de homens tivesse sido deixada à vontade pelas leis para dar plena liberdade a suas ousadas empreitadas, o aumento da prosperidade nacional durante esses períodos poderia ter sido uma razão para considerá-los de uma maneira mais favorável. Mas o fato é que sua atividade teve essas leis para contê-la; sem esses controles, você deve me permitir supor que a corrente de prosperidade, se não totalmente interrompida ou revertida, teria sido mais ou menos retardada. Aqui está, então" (você conclui) "a diferença entre nós: o que você considera como a causa do aumento sobre o qual concordamos, eu considero como um obstáculo a isso: e o que você considera como o obstáculo, eu considero como a causa." Em vez de apresentar isso como uma espécie de argumento que poderia ser usado por você, talvez devesse ter mencionado como algo que poderia ser usado por algumas pessoas em seu lugar: pois, como não imagino que sua perspicácia o deixe satisfeito com isso, ainda menos posso supor que, se você não estiver, sua sinceridade permitiria que você o utilizasse como se estivesse.

Para evitar que você fique satisfeito com isso, as seguintes considerações seriam, acredito, suficientes.

Em primeiro lugar, dos sete períodos que você escolheu, como tantos estágios para o olhar repousar na visualização do progresso da prosperidade, é somente durante os três últimos que o país teve o benefício, se assim podemos chamar, dessas leis: pois é ao reinado de Henrique VIII que devemos a primeira delas.

Aqui uma multidão de questões poderia ser levantada: se conter os projetistas fazia parte do propósito desse primeiro estatuto, ou se suas intenções não estavam inteiramente limitadas a reduzir os lucros dessa classe odiosa e invejada de homens, os agiotas? Se os projetistas têm sido mais abundantes antes desse estatuto ou desde ele? E se a nação tem sofrido, como você poderia dizer - se beneficiado, como eu diria, mais por eles, em geral, durante o período anterior ou posterior? Todas essas discussões, e muitas outras que poderiam ser iniciadas, eu evito me envolver, pois parecem mais propensas a atrasar do que a avançar para qualquer acordo sobre a questão principal.

Em segundo lugar, aqui devo tomar a liberdade de referir-me. a você para a prova, que eu acredito já ter fornecido, da proposição de que as restrições em questão nunca poderiam ter tido o efeito, em qualquer grau, de diminuir a proporção de projetos ruins para os bons, mas apenas de diminuir, na medida em que sua influência pode ter se estendido, o número total de projetos, bons e ruins juntos. Portanto, seja qual for a tendência geral do espírito empreendedor antes da primeira dessas leis, assim permaneceu desde então, por qualquer efeito que elas pudessem ter tido em purificá-lo e corrigi-lo.

Mas o que pode parecer mais satisfatório, talvez, do que as duas considerações acima e pode nos ajudar melhor a sair da perplexidade, que o argumento que combati (e que pensei ser o melhor que poderia ser apresentado), parece ser muito mais adequado para nos afundar do que para nos tirar dela, é a consideração do pequeno efeito que o maior desperdício que pode ser concebido em qualquer período de tempo, por meio de projetos imprudentes, pode ter sobre a soma de prosperidade, mesmo na estimativa daqueles cuja opinião é mais desfavorável aos projetistas, em comparação com o efeito que deve ter sido produzido dentro do mesmo período de tempo por meio da prodigalidade.

Das duas causas, e apenas duas causas, que você menciona como contribuindo para retardar a acumulação da riqueza nacional, no que diz respeito à conduta dos indivíduos, projetar, como observei antes, é uma e a prodigalidade é a outra: mas o dano que a sociedade pode receber, mesmo da eficácia concorrente dessas duas causas, você representa, em várias ocasiões, como insignificante; e, se não estou enganado, muito insignificante, seja para necessitar, seja para justificar, a intervenção do governo para opor-se a ela. Seja isso como for em relação à projetar e à prodigalidade considerados juntos, pelo menos em relação à prodigalidade, tenho certeza de que não me engano. Nesse assunto, você triunfa e repreende a "impertinência e presunção dos reis e ministros" com um tom de autoridade, que requer coragem como a sua para se aventurar, e um gênio como o seu para garantir a um homem assumir. Depois de traçar o paralelo entre a economia privada e a profusão pública, você conclui: "É, portanto, a maior impertinência e presunção em reis e ministros fingir cuidar da economia de pessoas privadas e restringir seus gastos, seja por leis suntuárias, seja por proibir a importação de luxos estrangeiros. Eles próprios são sempre, sem exceção, os maiores esbanjadores da sociedade. Que cuidem bem de suas próprias despesas e eles podem confiar com segurança que as pessoas privadas cuidem das suas. Se sua própria extravagância não arruinar o Estado, a de seus súditos nunca o fará."

O fato de empregar os expedientes que você menciona para restringir a prodigalidade é, na verdade, geralmente, talvez até mesmo sem exceção, impróprio e em muitos casos até mesmo ridículo, concordo com você; nem vou me desviar do meu assunto aqui para defender de tal imputação outro modo sugerido em uma parte anterior destes escritos. Mas, por mais presunçoso e impertinente que possa ser para o soberano tentar de qualquer maneira controlar por restrições legais a prodigalidade das pessoas, tentar controlar sua má administração por tais restrições parece ser muito mais. Para errar no caminho da prodigalidade é o destino, embora, como você observou bem, não de muitos homens, em comparação com o conjunto da humanidade, pelo menos de qualquer homem: a matéria adequada para fazer de alguém um pródigo é encontrada em cada taverna e sob cada moita. Mas até mesmo errar no caminho do projetar é o destino apenas dos poucos privilegiados. A prodigalidade, embora não seja tão comum a ponto de fazer um dreno muito material da massa geral de riqueza, ainda é muito comum para ser considerada como uma marca de distinção ou singularidade. Mas o desvio de qualquer uma das trilhas batidas do comércio é considerado como uma singularidade, como servindo para distinguir um homem dos outros. Mesmo onde não requer genialidade, nenhuma peculiaridade de talento, como onde consiste em nada mais do que encontrar um novo mercado para comprar ou vender, requer, no entanto, pelo menos um grau de coragem que não se encontra no comum das pessoas. O que diremos disso, onde, além da coragem vulgar, requer o raro dom do gênio, como no caso de todas aquelas empresas sucessivas pelas quais as artes e manufaturas foram trazidas do nada original para o seu esplendor atual? Pense em que pequena parte da comunidade essas devem ser, em comparação com a raça de pródigos; dessa mesma raça, que, apenas por causa da pequenez de seu número, pareceria muito insignificante para merecer a sua atenção.

Ainda assim, a prodigalidade é essencial e necessariamente prejudicial, até onde vai, à opulência do Estado: projetar, apenas por acidente. Todo pródigo, sem exceção, prejudica, pela própria suposição, prejudica, se não aniquila, sua fortuna. Mas certamente não é todo projetista que prejudica a sua: nem todo projetista o faria, se não houvesse essas leis sábias para impedi-lo: porque a estrutura da opulência nacional, aquela estrutura da qual você proclama, com uma exultação tão generosa, o contínuo aumento, aquela estrutura, em cada cômodo dela, inumerável como são, exigiu a mão reprovada de um projetista para lançar a primeira pedra, tem exigido pelo menos algumas mãos para serem empregadas, e com sucesso. Quando em comparação com o número de pródigos, que é tão inexpressivo que não merece atenção, o número de projetistas de todos os tipos é muito mais inexpressivo - e quando deste número inexpressivo deve ser deduzida a proporção não inexpressiva de projetistas bem-sucedidos - e deste restante novamente, todos aqueles que podem conduzir seus projetos sem a necessidade de empréstimos - pense se é possível que este último resto possa fornecer uma multidão, a redução do qual seria um objeto, merecendo a intervenção do governo por sua magnitude, mesmo assumindo que fosse um objeto apropriado em sua natureza?

Se ainda é uma questão se vale a pena para o governo, através de sua razão, tentar controlar a conduta de homens visivelmente e indiscutivelmente sob o domínio da paixão e agindo, sob esse domínio, contrários aos ditames de sua própria razão; em suma, para efetuar o que é reconhecido como seu melhor julgamento, contra o que todos, inclusive eles próprios, reconheceriam como o pior; é tolerável que o legislador, por meio de violência, substitua sua própria razão pretensa, resultado de um olhar momentâneo e desdenhoso, filha do capricho e arrogância, muito mais do que da ansiedade social e do estudo, em lugar da razão humilde dos indivíduos, subordinando-se com toda a sua força a esse mesmo objetivo que ele pretende ter em vista? - Não deixe de se lembrar que, do lado do indivíduo, nessa estranha competição, há o mais perfeito e minucioso conhecimento e informação, que o interesse, o interesse total da reputação e da fortuna de um homem, pode garantir: do lado do legislador, a mais perfeita ignorância. Tudo o que ele sabe, tudo o que ele pode saber, é que o empreendimento é um projeto que, meramente porque é suscetível desse nome odioso, ele considera como uma espécie de alvo para ele, em infantil capricho, lançar sua seta. - Será que os cegos guiarão os cegos? é uma pergunta que foi feita há muito tempo para indicar o auge da tolice: mas o que diremos então daquele que, sendo necessariamente cego, insiste em guiar, em caminhos que ele nunca percorreu, aqueles que podem ver?

Deve ser por alguma distinção muito sutil para minha concepção, se você se absolve de ter tomado, em outra ocasião, mas no próprio ponto em questão, o lado em que seria minha ambição vê-lo fixar.

"Que espécie de atividade doméstica o seu capital pode empregar e cujo produto é provável que seja de maior valor, cada indivíduo" (você diz), "é evidente que pode julgar, em sua situação local, muito melhor do que qualquer estadista ou legislador pode fazer por ele. O estadista, que tentasse dirigir pessoas privadas sobre a maneira como deveriam empregar seus capitais, não só se carregaria com uma atenção muito desnecessária, mas assumiria uma autoridade que não poderia ser confiada com segurança, não apenas a uma única pessoa, mas a nenhum conselho ou senado, e que em nenhum lugar seria tão perigosa como nas mãos de um homem que tivesse tolice e presunção suficientes para imaginar que era adequado para exercê-la.

"Dar o monopólio do mercado interno ao produto da indústria doméstica, em qualquer arte ou fabricação específica, é de certa forma dirigir pessoas privadas sobre a maneira como devem empregar seus capitais e deve, em quase todos os casos, ser uma regulamentação inútil ou prejudicial." - Até aqui você: e eu adiciono, para limitar o juro legal a uma taxa em que os mais antigos e bem estabelecidos negociantes dos comércios menos arriscados estão sempre dispostos a emprestar, é dar o monopólio do mercado monetário a esses comerciantes, em detrimento dos projetistas de comércios recém-imaginados, nenhum dos quais, como já observei, deve ser menos arriscado do que os antigos.

Esses, em comparação, são tópicos inconclusivos. Eu os mencionei apenas como fornecedores, que me pareceram os únicos vestígios de uma justificativa que poderia ser apresentada em defesa da política que estou combatendo. Volto, portanto, ao meu primeiro argumento e peço-lhe mais uma vez que considere se, de toda essa multidão de manufaturas, que tanto nos regozijamos como as causas e ingredientes da prosperidade nacional, há uma única que poderia ter existido no início senão na forma de um projeto. Mas, se um regulamento, cuja tendência e efeito é apenas conter projetos, na medida em que são projetos, sem nenhuma tendência, como demonstrei, para eliminar os ruins dos bons, é defensável em seu estado atual de eficácia imperfeita, então não apenas deve ser defensável, mas muito mais digno de nossa aprovação, se sua eficácia puder ser fortalecida e concluída a ponto de opor, desde o início, uma barreira intransponível a todos os tipos de projetos, seja o que for:

ou seja, se estendendo sua mão sobre os primeiros rudimentos da sociedade, nos restringisse, desde o início, a lama para nossas habitações, peles para nossas roupas e bolotas para nossa comida.

Espero que, a esta altura, você esteja disposto a me permitir que não fomos mal servidos pelos projetos do passado. Já insinuei que não consigo ver nenhuma razão para temermos que seremos piores servidos pelos projetos do futuro. Agora vou arriscar a dizer que acredito ver razão para esperarmos sermos ainda mais bem servidos por esses projetos do que pelos anteriores. Refiro-me a uma melhoria contínua, em virtude da redução que a experiência, se a experiência valer alguma coisa, deve fazer na proporção entre o número de projetos mal fundamentados e mal sucedidos, e o número de projetos bem fundamentados e bem sucedidos.

A carreira da arte, a grande estrada que recebe os passos dos projetistas, pode ser considerada como uma vasta e talvez ilimitada planície, coberta de abismos, como aqueles em que o suicídio de Curtius ocorreu. Cada um requer uma vítima humana para cair nele antes de poder se fechar, mas quando ele se fecha, fecha-se para não se abrir mais, e tanto do caminho é seguro para aqueles que o seguem. Se a falta de informações perfeitas de fracassos anteriores torna a realidade da vida humana menos feliz do que esta imagem, ainda assim a similitude deve ser reconhecida: e vemos de uma vez por todas o único método simples e eficaz de trazer essa similitude cada vez mais perto e mais perto da perfeição; quero dizer, a elaboração da história dos projetos do passado e (o que pode ser executado com muito mais perfeição se apenas um dedo for erguido pela mão do governo) a previsão de registrar, e coletar e publicar à medida que forem trazidos à luz, a série daqueles com os quais o ventre do futuro ainda está grávido. Mas, para seguir esta ideia, cuja execução não está em minha competência, me levaria longe demais do propósito.

É reconfortante refletir que esse estado de segurança em

constante melhoria é o estado natural não apenas da estrada para a opulência, mas de qualquer outro caminho da vida humana. Na guerra que a indústria e a inteligência travam com a fortuna, as idades passadas de ignorância e barbarismo formam a vanguarda abandonada, que foi destacada à frente e sacrificada pelo bem do futuro. A era de ouro, é triste dizer, não é o destino da geração em que vivemos: mas, se ela está para ser encontrada em qualquer parte do caminho traçado para a existência humana, espero que ela seja encontrada, não em qualquer parte que já passou, mas em algum lugar que ainda está por vir.

Mas, para retornar às leis contra a usura e sua influência restritiva sobre os projetistas. Eu deixei bem claro, espero, que essas restrições não têm poder ou tendência para escolher projetos ruins dos bons. Vale a pena acrescentar, embora seja inegavelmente verdade, que, mesmo que pudesse ser comprovado por evidências incontestáveis que, desde o início do tempo até o presente, nunca houve um projeto que não terminasse na ruína de seu autor, nem mesmo a partir de um fato como esse, o legislador poderia obter um mandado suficiente, sequer por desejar ver o espírito dos projetos de alguma forma reprimido? O desencorajador lema "Sic vos non vobis" pode ser motivo de séria consideração para o indivíduo, mas o que isso é para o legislador? Que general, por mais superior que seja seu exército, não sabe que centenas ou talvez milhares devem perecer no primeiro embate? Deveria ele, por essa consideração sozinha, permanecer inativo em suas linhas? "Cada um por si - mas Deus", acrescenta o provérbio (e poderia ter acrescentado o general, o legislador e todos os outros servidores públicos), "por todos nós". Esses sacrifícios do indivíduo para o bem-estar geral, que, em tantas ocasiões, são feitos por terceiros contra a vontade das pessoas, devem ser restritos quando são feitos de sua própria escolha? Amarrar homens pescoço e calcanhares e jogá-los nos abismos de que falei está fora de questão: mas se em cada abismo um Curtius fica de pé, montado e enfeitado, pronto para saltar, cabe ao legislador, num acesso de ternura de velhinha, afastá-lo? levando mesmo o interesse público fora de questão e considerando apenas os sentimentos dos indivíduos imediatamente envolvidos, um legislador dificilmente o faria, sabendo o valor da esperança, "o presente mais precioso do céu".

Considere, senhor, que não é com a loteria de invenção (aquele grande ramo da loteria de projeto, em prol do qual estou defendendo o todo, e devo continuar a fazê-lo até que você ou outra pessoa me mostre como defendê-la em termos melhores), não é, eu digo, com a loteria de invenção, como com a loteria de minas, a loteria de corsários e tantas outras loterias, que você menciona e em nenhum caso, acho, muito em benefício delas. Nestas linhas, o sucesso não surge, como nesta, das cinzas do insucesso e daí se propaga, por uma feliz contaminação, talvez para sempre. Deixe Titius ter encontrado uma mina, não é mais fácil, mas por isso é menos fácil para Sempronius encontrar uma também: deixe Titius ter feito uma captura, não é mais fácil, mas por isso é menos fácil, para Sempronius fazer o mesmo. Mas, deixe Titius ter descoberto um novo corante, mais brilhante ou mais duradouro do que os que estão em uso, deixe-o ter inventado uma máquina nova e mais conveniente, ou um modo de agricultura novo e mais lucrativo, mil tintureiros, dez mil mecânicos, cem mil agricultores, podem repetir e multiplicar seu sucesso: e, então, o que isso importa para o público, se a fortuna de Titius, ou de seu agiota, afundou sob o experimento?

Birmingham e Sheffield são apresentadas por você como exemplos, um de uma cidade projetora e outro de uma não-projetora. Perdoe-me por dizer, mas fico surpreso que essa comparação escolhida por você não tenha sugerido suspeitas sobre a justiça das concepções que você adotou, em detrimento dos projetores. Sheffield é um carvalho antigo: Birmingham é apenas um cogumelo. E se descobríssemos que o cogumelo é ainda mais vasto e vigoroso que o carvalho? Não que um ou outro, em qualquer época em que tenham sido plantados, não tenham sido igualmente plantados por projetores: pois mesmo que Tubal Cain em pessoa viesse correndo da Armênia para plantar Sheffield, ele mesmo era tão ardente projetor em seu tempo quanto Sir Thomas Lombe ou Bishop Blaise: mas Birmingham, ao que parece, reivindica na linguagem comum o título de cidade projetora, excluindo a outra, porque, sendo de ontem, o espírito de projeto cheira mais fresco e forte ali do que em outros lugares.

Quando o som odioso da palavra projetor não ressoa mais em seus ouvidos, a classe de homens estigmatizados assim não o considera inimigo. Projetos, mesmo sob o nome de "experimentos perigosos e caros", são representados como não inapropriados de serem encorajados, mesmo que o monopólio seja o meio; e o monopólio é defendido nesse caso, por sua semelhança com outras instâncias em que meios semelhantes são empregados para o mesmo propósito.

"Quando um grupo de comerciantes assume, por sua própria conta e risco, o estabelecimento de um novo comércio com alguma nação remota e bárbara, pode não ser injusto" (você observa) "incorporá-los em uma companhia de ações e conceder-lhes, em caso de sucesso, um monopólio do comércio por um certo número de anos. É a maneira mais fácil e natural pela qual o estado pode recompensá-los por arriscar-se em um experimento perigoso e caro, do qual o público posteriormente colherá benefícios. Um monopólio temporário desse tipo pode ser justificado pelos mesmos princípios pelos quais um monopólio semelhante de uma nova máquina é concedido a seu inventor e o de um novo livro a seu autor".

O respeito privado não me impedirá de aproveitar esta oportunidade para dar um aviso, que é tão necessário para a humanidade. Se um espírito tão original e independente não conseguiu sempre se livrar de ser desviado pela fascinação dos sons, para os caminhos do preconceito vulgar, quanto mais cuidado homens de índole comum devem ter com seus julgamentos, para não serem desencaminhados por delusões semelhantes?

Às vezes fui tentado a pensar que, se fosse possível às leis proibir palavras, como é possível proibir homens, a causa da indústria inventiva poderia talvez receber assistência quase igual de uma lei de proscrição contra as palavras "projeto" e "projetores", como a que tem recebido do ato que autoriza a concessão de patentes. Devo acrescentar, no entanto, por um tempo: pois mesmo assim, a inveja, a vaidade e o orgulho ferido da multidão não criativa em breve ou tarde infundirão seu veneno em alguma outra palavra e a elevarão como um novo tirano, pairando, como seu predecessor, sobre o nascimento do gênio infantil, e esmagando-o em seu berço.

Você não me acusará de empurrar a malícia além de todos os limites, se eu trouxer contra você um corpo tão numeroso e respeitável de homens, como os membros da Sociedade para o Incentivo às Artes? Eu não me importo, devo dizer a verdade; pois você é digno de muito respeito para merecer qualquer clemência. Pelo menos, você não me acusará de incitar inimigos bárbaros contra você e de devotá-lo à vingança de Cherokees e Chicasaws.

Daquela instituição popular, cujo objeto declarado e principal é o incentivo a projetos e a propagação daquela raça odiosa, cujo extermínio você considera como um exercício adequado para o braço do poder. Mas se é certo esmagar os malfeitores atuantes, seria incoerência não esmagar, ao mesmo tempo, ou melhor, não começar a esmagar esses seus empregadores e cúmplices. Agradeça então a sua inadvertência, ou sua generosidade, ou sua prudência, se o seu oficial de justiça ainda não recebeu ordens de queimar, como um libelo contra a sociedade, um livro que honra a época.

Depois de ter a audácia de acusar um mestre tão grande de ter caído inadvertidamente em um erro, posso tomar a liberdade ainda maior de conjecturar a causa disso? Poucos homens, talvez nenhum homem, podem levar o trabalho da criação, em qualquer área, a tal grau de perfeição, como ter passado por todo o trabalho de examinar com os próprios olhos os fundamentos de cada posição, sem exceção, que ele teve a oportunidade de empregar. Você ouviu a voz pública, reforçada pela lei, proclamando em seu redor, que a usura era uma coisa triste e os usureiros um grupo mau e pernicioso: você ouviu de pelo menos um daqueles lados que os projetores eram ou uma raça tola e desprezível, ou uma raça astuta e destrutiva: arrastado pela multidão, e naturalmente assumindo que o que todo mundo diz deve ter alguma base, você se juntou ao coro e adicionou seu voto aos demais. Possivelmente, entre a multidão de projetores que o acaso trouxe à sua observação, o tipo prejudicial pode ter representado uma proporção maior do que o tipo benéfico, ou ter se mostrado em cores muito mais fortes, de modo a dar à noção popular uma firmeza em seu julgamento que ela não teria tido se a proporção contrária tivesse aparecido em sua atenção. Não conceder mais peso aos exemplos que estão bem perto de nossos olhos do que aos que estão a uma grande distância; não permitir que o julgamento se entregue à licença de uma generalização muito apressada e extensa; não conceder qualquer proposição até que todas essas deficiências tenham sido feitas, e seja necessário reduzi-la aos limites da verdade rígida - essas são leis cuja observância completa forma o último termo ideal, e até agora, talvez para sempre, da sabedoria humana.

Você defendeu contra a infâmia injusta duas classes de homens, uma inocente ao menos, a outra altamente útil; aqueles que disseminam as artes inglesas em terras estrangeiras e aqueles cuja indústria se esforça para distribuir aquela mercadoria necessária chamada, em destaque, o alimento da vida. Posso me orgulhar de ter finalmente conseguido em meus esforços recomendar à mesma proteção poderosa duas outras classes de homens igualmente úteis e perseguidas, os usurários e projetores. Sim, vou, pelo menos por enquanto, me permitir essa ideia lisonjeira e, de acordo com ela, deixando os usurários, para quem já falei o suficiente, considero-me agora unido a você na mesma comissão e pensando com você nos melhores meios de aliviar o projetor do fardo de desencorajamento imposto a ele por essas leis, na medida em que a pressão deles recai especialmente sobre ele. Em minha própria visão da questão, na verdade, nenhum temperamento, nenhum meio-termo é necessário ou apropriado: o único remédio perfeitamente eficaz é o único remédio perfeitamente adequado - uma esponja. Mas, como nada é mais comum com a humanidade do que dar recepções opostas a conclusões que fluem com igual necessidade do mesmo princípio, vamos ajustar nossas visões a essa contingência. De acordo com essa ideia, o objetivo, na medida em que se limita ao caso presente, deveria ser proporcionar, apenas em favor dos projetores, uma dispensa do rigor das leis anti-usurárias: como, por exemplo, é desfrutado por pessoas envolvidas no comércio marítimo, em virtude da indulgência dada aos empréstimos feitos com base na segurança ou hipoteca marítima. Quanto a abuso, não vejo por que o perigo seria maior neste caso do que em outros. Se uma quantia em dinheiro é investida ou não investida em tal ou qual nova manufatura em terra, não deve, por sua própria natureza, ser um fato muito mais difícil de ser verificado do que se ela está ou não investida em tal ou qual aventura comercial por mar; e, tanto em um caso como no outro, o pagamento dos juros, bem como a devolução do principal, podem depender do sucesso da aventura. Para limitar a indulgência a novos empreendimentos, a obtenção de uma patente para alguma invenção e a continuação do prazo da patente podem ser feitas condições da permissão dada ao contrato; a isso poderiam ser adicionados juramentos, expressando a intenção pretendida, e títulos, com fiadores, com a condição de executar a intenção assim declarada; a serem registrados em um dos escritórios de patentes ou em outro lugar. Após isso, juramentos uma vez por ano, ou mais frequentemente, durante a vigência do contrato, declarando o que foi feito em sua execução.

Se a linha-guia ainda não é considerada suficientemente apertada, poderiam ser instituídas juntas de controle para apertá-la ainda mais. Então se abriria uma cena de vexação e intriga: perda de tempo consumido em cortejar o favor dos membros do conselho: perda de tempo, abrindo suas mentes, talvez estreitadas pela ignorância, de qualquer maneira pelo desprezo, auto-suficiência, vaidade e orgulho: o favor (pois o orgulho o tornará um favor) concedido à habilidade nas artes de autopromoção e cabala, desprovida de mérito inventivo, e recusado ao mérito nu e desprovido de prática nessas artes: perda de tempo por parte das próprias pessoas envolvidas nessa impertinente investigação: perda do dinheiro de alguém para pagá-las por essa perda de tempo. Todos esses males podem ser necessários onde o dinheiro a ser gasto é dinheiro público: quão inútil onde é do próprio partido! Não vou incomodá-lo, nem a mim mesmo, perguntando de quem será composto esse conselho de amas de homens adultos: para encurtar o assunto, pode-se nomear de uma vez os comitês da Sociedade de Artes. Ali você tem um grupo de homens prontos para conduzir inquéritos semelhantes em cada circunstância, exceto aquela que os torna ridículos: os membros ou representantes deste corpo democrático teriam a mesma probabilidade, eu acredito, de cumprir tal função com fidelidade e habilidade do que qualquer aristocracia que pudesse ser substituída em seu lugar.

Crichoff, em White Russia,

Março de 1787

FIM.

SOBRE O AUTOR

Jeremy Bentham

Jeremy Bentham foi um filósofo, jurista e reformador social inglês, nascido em Londres em 15 de fevereiro de 1748. Ele foi um dos principais pensadores do utilitarismo, uma teoria ética que defende que as ações devem ser julgadas por sua capacidade de maximizar a felicidade e minimizar o sofrimento.

Desde jovem, Bentham mostrou habilidades intelectuais notáveis e estudou na Universidade de Oxford, onde se destacou em várias disciplinas, incluindo filosofia e direito. Ele logo se tornou um crítico da legislação e das instituições sociais de seu tempo, buscando reformas em questões como o sistema jurídico, a punição criminal e os direitos humanos.

Bentham é conhecido por seu enfoque no utilitarismo como base para a criação de leis e políticas públicas. Ele acreditava que o objetivo do governo deveria ser promover o maior bem-estar para o maior número possível de pessoas, priorizando a utilidade social.

Além de suas contribuições filosóficas e jurídicas, Bentham também foi um fervoroso defensor de reformas sociais, incluindo o sufrágio universal, a igualdade dos sexos e a abolição da escravidão.

Ao longo de sua vida, Jeremy Bentham escreveu extensivamente sobre uma ampla gama de assuntos, incluindo ética, política, economia, religião e direito. Suas obras influenciaram muitos pensadores posteriores e continuam a ser estudadas e debatidas até os dias atuais.

Jeremy Bentham faleceu em 6 de junho de 1832, deixando um legado duradouro como um dos grandes filósofos e reformadores sociais da história britânica. Sua visão humanitária e compromisso com a utilidade e a igualdade continuam a inspirar gerações de pensadores em busca de uma sociedade mais justa e compassiva.

www.ingramcontent.com/pod-product-compliance
Lightning Source LLC
Chambersburg PA
CBHW070956250726
48663CB00002B/244